3.-6. Schuljahr

Sabine Hauke

Täglich Deutsch üben!

Rechtschreibung & Grammatik

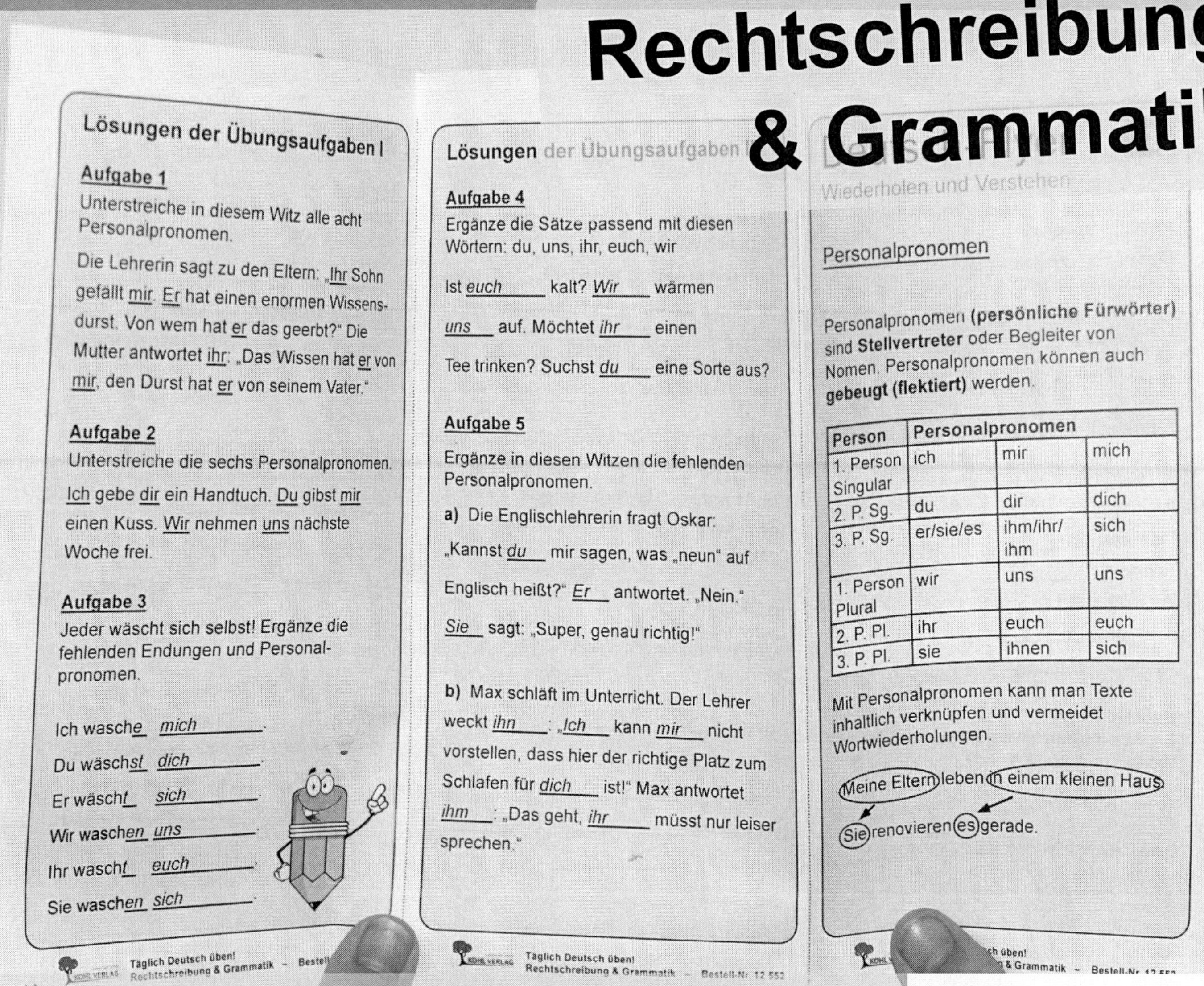

- Erklärungen & Beispiele
- Aufgaben
- Mit Lösungen

Lernen mit Erfolg
KOHL VERLAG
www.kohlverlag.de

Täglich Deutsch üben!

Rechtschreibung & Grammatik

1. Auflage 2021

Inhalt: Sabine Hauke
Coverbild: © Kohl-Verlag
Illustrationen: © clipart.com;
Bildquellen AdobeStock.com: S. 39: © rudi1976
Grafik & Satz: Kohl-Verlag
Druck: farbo prepress GmbH, Köln

Bestell-Nr. 12 552

ISBN: 978-3-96624-140-3

INHALT

KOHL VERLAG Täglich Deutsch üben! Rechtschreibung & Grammatik – Bestell-Nr. 12 552

Vorwort

Liebe Lehrerinnen und Lehrer,

Grundkenntnisse in der Rechtschreibung und Grammatik zu wiederholen ist oft ebenso notwendig wie ermüdend.
Doch mit diesen Deutsch-Flyern wird die Aufmerksamkeit Ihrer Schülerinnen und Schüler geweckt und sie können grundlegendes Wissen schnell und nachhaltig auffrischen. Die Flyer wurden im Unterricht erprobt und die Rückmeldungen meiner Schülerinnen und Schüler flossen in die Entwicklung ein.

Der vergessene oder verpasste Stoff ist kompakt und übersichtlich abrufbar. Die Flyer eignen sich besonders zur selbstständigen Vorbereitung auf Klassenarbeiten und Tests, denn jeder Flyer behandelt ein übersichtliches Thema kurz und knackig:

- Vorderseite: leicht verständliche Erklärungen
- Innenteil: gelöste Beispiele zum Nachvollziehen sowie Aufgaben zum Selberlösen
- Rückseite: Lösungen der Aufgaben zur Selbst- oder Partnerkontrolle

Die Flyer eignen sich hervorragend, um lange Unterrichtsphasen aufzulockern und dabei dennoch etwas Produktives zu tun. Zudem können die Deutschflyer für die individuelle Differenzierung oder die Selbstlernzeit eingesetzt werden.

Tipp

Und so erhalten Sie Flyer aus den Kopiervorlagen:

Sie kopieren die beiden Seiten eines Themas auf die Vorder- und Rückseite von einem Blatt Papier. Danach können Sie es einfach zusammenfalten, sodass sich die besondere, handliche Form des Flyers ergibt. Legen Sie dazu die blaue Vorderseite nach oben auf den Tisch. Den rechten Teil knicken Sie entlang des Falzes nach hinten, den linken Teil nach vorne.

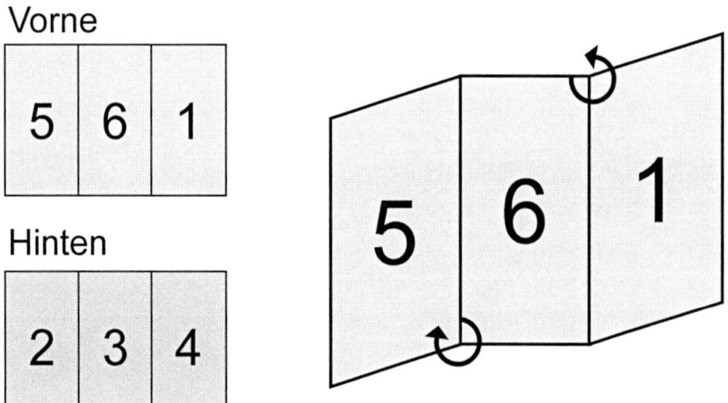

Viel Freude und Erfolg beim Einsatz der vorliegenden Deutsch-Flyer wünschen Ihnen der Kohl-Verlag und

Sabine Hauke

Lösungen der Übungsaufgaben I

Aufgabe 1

Gliedere diese Wörter in Silben. Denke daran, dass in jeder Silbe ein Selbstlaut (Vokal) vorkommt.

Butterkuchen	*But-ter-ku-chen*
Ampelmännchen	*Am-pel-männ-chen*
Büroleiter	*Bü-ro-lei-ter*
Fensterbank	*Fens-ter-bank*
hoffnungsvoll	*hoff-nungs-voll*
vergessen	*ver-ges-sen*

Aufgabe 2

Sprich jede Silbe in diesen lautgetreuen Wörtern. Decke dann das Wort zu und schreibe es auf. Vergleiche dich mit der Vorlage.

Blume	warten	Farbe
Blume	*warten*	*Farbe*
Ampel	holen	Rose
Ampel	*holen*	*Rose*
Regen	Tomate	Paket
Regen	*Tomate*	*Paket*

Lösungen der Übungsaufgaben II

Aufgabe 3

Schreibe diesen Zungenbrecher sorgfältig ab. Sprich dabei Silbe um Silbe deutlich mit.

Machen Drachen manchmal nachts echt freche Sachen, oder lachen Drachen manchmal acht freche Lacher?

Ma-chen Dra-chen manch-mal nachts echt fre-che Sa-chen, oder la-chen Dra-chen manch-mal acht fre-che La-cher?

Aufgabe 4

Schreibe diesen Witz sorgfältig ab. Sprich dabei Silbe um Silbe deutlich mit.

Die Lehrerin fragt im Mathematikunterricht: „Ein Haus hat fünf Stockwerke. Zu jedem führen zwanzig Stufen. Wie viele Stufen muss man bis zum fünften Stockwerk hinaufsteigen?“ Tim meldet sich: „Alle!“

Die Leh-re-rin fragt im Ma-the-ma-tik-un-ter-richt: „Ein Haus hat fünf Stock-wer-ke. Zu je-dem füh-ren zwan-zig Stu-fen. Wie vie-le Stu-fen muss man bis zum fünf-ten Stock-werk hi-nauf-stei-gen?“ Tim mel-det sich: „Al-le!“

Deutsch-Flyer 1

Wiederholen und Verstehen

Rechtschreib-Strategie 1:

Wörter nach Gehör schreiben

In der Rechtschreibung gibt es drei grundlegende Strategien.

Strategie 1:

Wörter nach Gehör schreiben

Im Deutschen stimmen die gehörten **Laute** nicht immer mit den geschriebenen **Buchstaben** überein. Zum Beispiel kann der Laut [f] aufgeschrieben werden mit den Buchstaben f, v, ph: Fahrt, Vogel, Physik.

Trotzdem ist es als erste Strategie sinnvoll, Wörter **Silbe für Silbe deutlich** zu sprechen und jeden Laut als Buchstaben aufzuschreiben.

Le-se-buch, Hei-rats-an-trag, Schreib-tisch

Strategie 2: Wörter verlängern

Schild – Schilder; Bank – Bänke

Strategie 3: Wörter ableiten

Verträumtheit – Traum; gefährlich – Gefahr

Mit diesen drei Strategien kann man fast jedes Wort richtig schreiben.

Musteraufgaben

Aufgabe 1

Gliedere diese Wörter in Silben. Denke daran, dass in jeder Silbe ein Selbstlaut (Vokal) vorkommt.

Regenschirm	Re-gen-schirm
bitterkalt	bit-ter-kalt
auftauchen	auf-tau-chen

Aufgabe 2

Sprich jede Silbe in diesen lautgetreuen Wörtern. Decke dann das Wort zu und schreibe es auf. Vergleiche dich mit der Vorlage.

geben	Garten	Fenster
ge-ben	*Gar-ten*	*Fens-ter*

Aufgabe 3

Schreibe diesen Witz sorgfältig ab. Sprich dabei Silbe um Silbe deutlich mit. Englische Wörter wie „Spiderman" werden natürlich anders gesprochen als geschrieben.

Gestern habe ich versucht, bei Spiderman anzurufen. Leider hatte er kein Netz.

Ges-tern ha-be ich ver-sucht, bei Spiderman an-zu-ru-fen. Lei-der hat-te er kein Netz.

Übungsaufgaben I

Aufgabe 1

Gliedere diese Wörter in Silben. Denke daran, dass in jeder Silbe ein Selbstlaut (Vokal) vorkommt.

Butterkuchen ____________

Ampelmännchen ____________

Büroleiter ____________

Fensterbank ____________

hoffnungsvoll ____________

vergessen ____________

Aufgabe 2

Sprich jede Silbe in diesen lautgetreuen Wörtern. Decke dann das Wort zu und schreibe es auf. Vergleiche dich mit der Vorlage.

Blume warten Farbe

____

Ampel holen Rose

____

Regen Tomate Paket

____

KOHL VERLAG Täglich Deutsch üben! Rechtschreibung & Grammatik – Bestell-Nr. 12 552

Übungsaufgaben II

Aufgabe 3

Schreibe diesen Zungenbrecher sorgfältig ab. Sprich dabei Silbe um Silbe deutlich mit.

Machen Drachen manchmal nachts echt freche Sachen, oder lachen Drachen manchmal acht freche Lacher?

____

____

____

Aufgabe 4

Schreibe diesen Witz sorgfältig ab. Sprich dabei Silbe um Silbe deutlich mit.

Die Lehrerin fragt im Mathematikunterricht: „Ein Haus hat fünf Stockwerke. Zu jedem führen zwanzig Stufen. Wie viele Stufen muss man bis zum fünften Stockwerk hinaufsteigen?" Tim meldet sich: „Alle!"

____

____

____

____

____

KOHL VERLAG Täglich Deutsch üben! Rechtschreibung & Grammatik – Bestell-Nr. 12 552

Lösungen der Übungsaufgaben I

Aufgabe 1

Finde zehn Wörter mit d oder t senkrecht ↓ und waagerecht → in diesem Suchgitter und schreibe sie auf.

F	F	A	H	R	R	A	D	U	H	E
S	A	N	D	R	W	B	G	W	U	J
R	H	E	B	B	E	K	A	N	N	T
B	R	O	T	S	L	E	W	T	D	K
R	T	Z	E	L	T	S	I	R	E	R
E	H	U	S	E	R	N	L	E	R	L
E	S	N	N	R	U	N	D	T	T	K

rund, Zelt, Welt, wild, Fahrrad, Fahrt,

hundert, bekannt, Brot, Sand

Aufgabe 2

Bilde die Mehrzahl und streiche dann das falsch geschriebene Wort durch.

Mond, ~~Mont~~ — die *Monde*

~~Weld~~, Welt — die *Welten*

Sieg, ~~Siek~~ — die *Siege*

Zug, ~~Zuk~~ — die *Züge*

~~Musig~~, Musik — die *Musiken*

Lösungen der Übungsaufgaben II

Aufgabe 3

Errate die Wörter mit d oder t. Es ergibt sich ein Lösungswort.

1. das Bild hängt an der ...
2. aus gepressten Orangen kommt...
3. der Januar ist ein...
4. damit bezahlen wir
5. Gegenteil von krank

Lösungswort ↓

1.				**W**	A	N	D
2.			S	**A**	F	T	
3.	M	O	N	**A**	T		
4.				**G**	E	L	D
5.			G	**E**	S	U	N	D

Lösungswort: Waage

Aufgabe 4

Finde das Gegenteil und verlängere es, um es richtig zu schreiben.

falsch – *richtig (richtige)*

dumm – *klug (klüger)*

bekannt – *fremd (fremder)*

zahm – *wild (wilder)*

alt – *jung (jünger)*

sauber – *dreckig (dreckiger)*

Deutsch-Flyer 2

Wiederholen und Verstehen

Rechtschreib-Strategie 2: Wörter verlängern

In der Rechtschreibung gibt es drei grundlegende Strategien:

Strategie 1: Wörter nach Gehör schreiben

Silbe für Silbe: Le-se-buch

Strategie 2: Wörter verlängern

Laute am Ende eines Wortes sind häufig nicht eindeutig einem Buchstaben zuzuordnen. Die Verlängerung der Wörter macht die Laute eindeutig hörbar.

Nomen verlängert man häufig durch die Bildung der Mehrzahl.
der Ber *g/k*? → Berge, also mit g!
das Kin *d/t*? → Kinder, also mit d!
das Sie *b/p*? → Siebe, also mit b!

Adjektive kann man steigern oder beugen, um sie zu verlängern und den Auslaut zu hören.
har *d/t*? → härter, also mit t!
lusti *g/k*? → lustiger, also mit g!
plum b/p? → ein plumper Elefant, also mit p!

Strategie 3: Wörter ableiten

Verträumtheit – Traum

Musteraufgaben

Aufgabe 1

Finde fünf Wörter mit d oder t senkrecht ↓ und waagerecht → in diesem Suchgitter und schreibe sie auf.

M	I	L	D	A	N	S	N	K	E	U
R	A	S	M	O	N	A	T	J	L	S
E	F	N	D	W	A	L	D	N	E	H
G	E	S	T	A	L	T	E	C	B	D

Monat, Gestalt, alt, mild, Wald

Aufgabe 2

Bilde die Mehrzahl und streiche dann das falsch geschriebene Wort durch.

Abend, ~~Abent~~ die *Abende*

Feld, ~~Felt~~ die *Felder*

~~Schrang~~, Schrank die *Schränke*

Aufgabe 3

Finde das Gegenteil und verlängere es, um es richtig zu schreiben.

scharf – *mild (milder)*
eckig – *rund (runder)*
warm – *kalt (kälter)*
farblos – *bunt (bunter)*

Übungsaufgaben I

Aufgabe 1

Finde zehn Wörter mit d oder t senkrecht ↓ und waagerecht → in diesem Suchgitter und schreibe sie auf.

F	F	A	H	R	R	A	D	U	H	E
S	A	N	D	R	W	B	G	W	U	J
R	H	E	B	B	E	K	A	N	N	T
B	R	O	T	S	L	E	W	T	D	K
R	T	Z	E	L	T	S	I	R	E	R
E	H	U	S	E	R	N	L	E	R	L
E	S	N	N	R	U	N	D	T	T	K

____

____

Aufgabe 2

Bilde die Mehrzahl und streiche dann das falsch geschriebene Wort durch.

Mond, Mont der ______

Weld, Welt die ______

Sieg, Siek der ______

Zug, Zuk der ______

Musig, Musik die ______

Übungsaufgaben II

Aufgabe 3

Errate die Wörter mit d oder t. Es ergibt sich ein Lösungswort.

1. das Bild hängt an der ...
2. aus gepressten Orangen kommt...
3. der Januar ist ein...
4. damit bezahlen wir
5. Gegenteil von krank

Lösungswort ↓

1.				**W**				
2.			S					
3.	M							
4.				**G**				
5.			G					

Lösungswort: ______

Aufgabe 4

Finde das Gegenteil und verlängere es, um es richtig zu schreiben.

falsch – ______
dumm – ______
bekannt – ______
zahm – ______
alt – ______
sauber – ______

Lösungen der Übungsaufgaben I

Aufgabe 1
Finde verwandte Wörter mit au.

häuslich *Haus*

Läufer *laufen*

Bäuerin *Bauer*

Säugetier *saugen*

einäugig *Auge*

Käufer *kaufen*

Aufgabe 2
Suche zu den Verben verwandte Nomen und achte darauf, sie richtig zu schreiben.

trennen – die *Trennung*

erinnern – die *Erinnerung*

gewinnen – der *Gewinn*

fehlen – der *Fehler*

biegen – die *Biegung*

fahren – die *Fahrt*

zählen – die *Zahl*

Lösungen der Übungsaufgaben II

Aufgabe 3
Unterstreiche in diesem Zungenbrecher alle „eu" und „äu".

Der L<u>eu</u>tnant von L<u>eu</u>then befahl seinen

L<u>eu</u>ten, nicht eher zu l<u>äu</u>ten, bis dass der

L<u>eu</u>tnant von L<u>eu</u>then seinen L<u>eu</u>ten das

L<u>äu</u>ten befahl.

Aufgabe 4
Finde zu den Wörtern weitere Ableitungen.

Fehler: *fehlen, fehlerhaft, fehlerlos*

Zahl: *zählen, erzählen, Erzählung*

Gewohnheit: *gewöhnlich, Wohnung, wohnen*

ruhen: *Ruhe, ruhig, beruhigen*

Aufgabe 5
Trage e, ä, eu oder äu ein.

*Eu*le, R*äu*me, R*äu*ber, L*eu*te, K*ä*lte,

s*e*lten, t*ä*glich, P*ä*ckchen, Fahrr*ä*der,

*Ä*rzte, vers*äu*men, ber*eu*en, G*ä*rten

Deutsch-Flyer 3

Wiederholen und Verstehen

Rechtschreib-Strategie 3: Wörter ableiten

In der Rechtschreibung gibt es drei grundlegende Strategien:

Strategie 1: Wörter nach Gehör schreiben
Silbe für Silbe: Le-se-buch

Strategie 2: Wörter verlängern
Bank – Bänke

Strategie 3: Wörter ableiten
ä und e klingen ähnlich. Wenn man ein verwandtes Wort mit a findet, wird das Wort mit ä geschrieben, nicht mit e.
du tr *ä/e* gst → kommt von tragen, also mit ä!
die N *ä/e* he → kommt von nah, also mit ä!

Auch bei Zwielauten (Diphthongen) kann man durch Ableiten die richtige Schreibung herausfinden.
Z *äu/eu* ne → kommt von Zaun, also mit äu!

Schreibungen mit ie, Dehnungs-h und doppelten Mitlauten bleiben häufig auch in anderen Wortarten erhalten.
Tier → tierisch, müssen → du musst
fühlen → das Gefühl, kommen → er kommt

Musteraufgaben

Aufgabe 1
Finde verwandte Wörter mit au.

bläulich *blau*
Kräuter *Kraut*
schäumen *Schaum*

Aufgabe 2
Suche zu den Verben verwandte Nomen und achte darauf, sie richtig zu schreiben.

knallen – der *Knall*
lieben – die *Liebe*

Aufgabe 3
Unterstreiche in diesem Satz „eu“ und „äu“.

Der Räuber läuft keuchend, weil ihn die Leute neugierig scheuchen.

Aufgabe 4
Finde zu den Wörtern weitere Ableitungen.

führen: *Führung, verführen*
gefährlich: *Gefahr, gefährden*

Aufgabe 5
Trage e, ä, eu oder äu ein.

j*ä*hrlich, Bl*ä*tter, h*eu*len, M*äu*se, sch*ä*dlich, w*ä*hlen, s*äu*bern, b*e*ten

Übungsaufgaben I

Aufgabe 1
Finde verwandte Wörter mit au.

häuslich ____________
Läufer ____________
Bäuerin ____________
Säugetier ____________
einäugig ____________
Käufer ____________

Aufgabe 2
Suche zu den Verben verwandte Nomen und achte darauf, sie richtig zu schreiben.

trennen – die ____________
erinnern – die ____________
gewinnen – der ____________
fehlen – der ____________
biegen – die ____________
fahren – die ____________
zählen – die ____________

Übungsaufgaben II

Aufgabe 3
Unterstreiche in diesem Zungenbrecher alle „eu“ und „äu“.

Der Leutnant von Leuthen befahl seinen Leuten, nicht eher zu läuten, bis dass der Leutnant von Leuthen seinen Leuten das Läuten befahl.

Aufgabe 4
Finde zu den Wörtern weitere Ableitungen.

Fehler: ____________
Zahl: ____________
Gewohnheit: ____________
ruhen: ____________

Aufgabe 5
Trage e, ä, eu oder äu ein.

___le, R___me, R___ber, L___te, K__lte,
s__lten, t__glich, P__ckchen, Fahrr__der,
__rzte, vers___men, ber___en, G__rten

Lösungen der Übungsaufgaben I

Aufgabe 1
Trage die fehlenden Buchstaben im Alphabet ein.

A B _C_ D E F G _H_ I J K L _M_ N O P
Q R S _T_ U V _W_ X Y Z

Aufgabe 2
Ergänze die fehlenden Nachbarbuchstaben.

_A_	**B**	_C_		_F_	**G**	_H_
_J_	**K**	_L_		_U_	**V**	_W_
_D_	**E**	_C_		_S_	**T**	_U_

Aufgabe 3
Ergänze die fehlenden Buchstaben in der Reihenfolge des Alphabets, dann ergibt sich ein Lösungswort.

B C D _E_ F   Q _R_ S T U

E _F_ G H I   M N _O_ P Q

J K _L_ M N   F _G_ H I J

Lösungswort: _E R F O L G_

Aufgabe 4
Notiere die fünf Vokale des Alphabets.
A, E, I, O, U

Lösungen der Übungsaufgaben II

Aufgabe 5
Ordne diese Zootiere nach dem Alphabet:
Zebra, Elefant, Krokodil, Nashorn, Waschbär, Giraffe

1. _Elefant_   2. _Giraffe_
3. _Krokodil_   4. _Nashorn_
5. _Waschbär_   6. _Zebra_

Aufgabe 6
Ordne diese Städte nach dem Alphabet:
Arnsberg, Flensburg, Berlin, Hamburg, Freiburg, Mannheim, München, Heidelberg.

1. _Arnsberg_   2. _Berlin_
3. _Flensburg_   4. _Freiburg_
5. _Hamburg_   6. _Heidelberg_
7. _Mannheim_   8. _München_

Aufgabe 7
Ordne diese Vornamen nach dem Alphabet:
Meike, Marian, Marco, Mark, Maria, Maik.

1. _Maik_   2. _Marco_
3. _Maria_   4. _Marian_
5. _Mark_   6. _Meike_

Deutsch-Flyer 4

Wiederholen und Verstehen

Das Abc (Alphabet)

Im Abc werden die **26 Buchstabe**n in einer festgelegten Reihenfolge genannt.

A B C D E F G H I J K L M N O P
Q R S T U V W X Y Z

Das Abc wird auch **Alphabet** genannt. Dieser Name wurde gebildet aus den beiden ersten Buchstaben des griechischen Alphabets, alpha α und beta β.

Wörter kann man nach dem Abc **ordnen**. Dabei ist zunächst der Anfangsbuchstabe entscheidend. Sind die Anfangsbuchstaben gleich, entscheidet der zweite Buchstabe. Sind auch die zweiten Buchstaben gleich, entscheidet der nächste Buchstabe und so weiter.

Im Abc sind die fünf **Vokale** (Selbstlaute) A, E, I, O, U und die 21 **Konsonanten** (Mitlaute) B C D F G H J K L M N P Q R S T V W X Y Z enthalten. Die Buchstaben Ä, Ö, Ü und ß kommen im Alphabet nicht vor.

Musteraufgaben

Aufgabe 1

Trage die fehlenden Buchstaben im Alphabet ein.

A B C _D_ E F G H I J _K_ L M N O P

Q _R_ S T _U_ V W _X_ Y Z

Aufgabe 2

Ergänze die fehlenden Nachbarbuchstaben.

_C_	**D**	_E_
_N_	**O**	_P_

_W_	**X**	_Y_
_L_	**M**	_N_

Aufgabe 3

Ergänze die fehlenden Buchstaben in der Reihenfolge des Alphabets.

C D E _F_ G   S T U _V_ W

M _N_ O P Q   H _I_ J K L

Aufgabe 4

Ordne diese Haustiere nach dem Alphabet: Hund, Pferd, Katze, Maus, Leguan.

1. _Hund_ **2.** _Katze_ **3.** _Leguan_

4. _Maus_ **5.** _Pferd_

Aufgabe 5

Ordne diese Vornamen nach dem Alphabet: Lea, Leonie, Lilli, Laura, Leon, Leander.

1. _Laura_ **2.** _Lea_ **3.** _Leander_

4. _Leon_ **5.** _Leonie_ **6.** _Lilli_

Übungsaufgaben I

Aufgabe 1

Trage die fehlenden Buchstaben im Alphabet ein.

A B __ D E F G __ I J K L __ N O P

Q R S __ U V __ X Y Z

Aufgabe 2

Ergänze die fehlenden Nachbarbuchstaben.

	B	
	K	
	E	

	G	
	V	
	T	

Aufgabe 3

Ergänze die fehlenden Buchstaben in der Reihenfolge des Alphabets, dann ergibt sich ein Lösungswort.

B C D __ F   Q __ S T U

E __ G H I   M N __ P Q

J K __ M N   F __ H I J

Lösungswort: ____________

Aufgabe 4

Notiere die fünf Vokale des Alphabets.

____

Übungsaufgaben II

Aufgabe 5

Ordne diese Zootiere nach dem Alphabet: Zebra, Elefant, Krokodil, Nashorn, Waschbär, Giraffe

1. ________ **2.** ________

3. ________ **4.** ________

5. ________ **6.** ________

Aufgabe 6

Ordne diese Städte nach dem Alphabet: Arnsberg, Flensburg, Berlin, Hamburg, Freiburg, Mannheim, München, Heidelberg.

1. ________ **2.** ________

3. ________ **4.** ________

5. ________ **6.** ________

7. ________ **8.** ________

Aufgabe 7

Ordne diese Vornamen nach dem Alphabet: Meike, Marian, Marco, Mark, Maria, Maik.

1. ________ **2.** ________

3. ________ **4.** ________

5. ________ **6.** ________

Lösungen der Übungsaufgaben I

Aufgabe 1

Bilde möglichst viele Wörter durch Voranstellen und Anhängen der Wortbausteine.

VER		EN
UM	TAUSCH	BAR
AUS		ER

Tausch, tauschen, tauschbar, Tauscher,

vertauschen, vertauschbar, Vertauscher,

umtauschen, umtauschbar, Umtauscher,

austauschen, austauschbar, Austauscher

Aufgabe 2

Bilde möglichst viele Wörter durch Voranstellen und Anhängen der Wortbausteine und ordne sie nach Wortarten.

AN		E
BE	FREUND	EN
UN		LICH

Nomen: *Freund, Freunde*

Adjektive: *freundlich, unfreundlich*

Verben: *befreunden, anfreunden*

Lösungen der Übungsaufgaben II

Aufgabe 3

Ordne diese Wörter richtig in die Tabelle ein: Liebe, verlieben, Geliebte, lieblich

Präfix	Wortstamm	Suffix
	Lieb	e
ver	lieb	en
Ge	lieb	te
	lieb	lich

Aufgabe 4

Bilde aus diesen Wortstämmen Adjektive. Die Vokale a, o, u können dabei zu den Umlauten ä, ö, ü werden. ANGST, SINN, FURCHT

ängstlich, sinnlos, sinnhaft, sinnlich,

furchtbar, fürchterlich, furchtsam, furchtlos

Aufgabe 5

Schreibe möglichst viele Wörter zur Wortfamilie mit dem Stamm ZAUB.

zaubern, Zauberer, Zauberin, Zauberei,

zauberhaft, verzaubern, verzaubert,

entzaubern, bezaubern, bezaubernd,

Zauberspruch, Zauberbuch, Zauberkessel

Deutsch-Flyer 5

Wiederholen und Verstehen

Wortbausteine (Morpheme)

Mit Wortbausteinen kann man Wörter in ihrer Bedeutung und in ihrer Wortart verändern. So können aus dem **Wortstamm** „fahr“ durch Hinzufügen von Wortbausteinen beispielsweise diese Wörter gebildet werden:

- „fahren“, „verfahren“ (Verben)
- „Gefahr“, „Ausfahrt“ (Nomen)
- „befahrbar“, „gefährlich“ (Adjektive)

Wortbaustein Präfix	Wortstamm	Wortbaustein Suffix
	fahr	en
ver	fahr	en
Ge	fahr	
Aus	fahr	t
be	fahr	bar
ge	fähr	lich

Wortbausteine vor dem Wortstamm nennt man **Präfix**, Wortbausteine nach dem Wortstamm nennt man **Suffix** (Endung).

Wörter mit dem gleichen Wortstamm bilden eine **Wortfamilie**.

Musteraufgaben

Aufgabe 1

Bilde möglichst viele Wörter durch Voranstellen und Anhängen der Wortbausteine.

VER		EN
UN		BAR
UR	TEIL	IG
AN		ER

teilen, teilbar, Teiler, verteilen, Verteiler, unteilbar, Urteil, urteilen, Urteiler, Anteil, anteilig

Aufgabe 2

Trage diese Wörter richtig in die Tabelle ein: Verkauf, Schönheit, begleiten, Läufer

Präfix	Wortstamm	Suffix
Ver	kauf	
	Schön	heit
be	gleit	en
	Läuf	er

Aufgabe 3

Bilde aus diesen Wortstämmen Adjektive. WUNDER, FREUND, SCHMERZ, WIND

wunderbar, wundersam, freundlich, schmerzhaft, schmerzlos, schmerzlich, windig

Übungsaufgaben I

Aufgabe 1

Bilde möglichst viele Wörter durch Voranstellen und Anhängen der Wortbausteine.

VER		EN
UM	TAUSCH	BAR
AUS		ER

Aufgabe 2

Bilde möglichst viele Wörter durch Voranstellen und Anhängen der Wortbausteine und ordne sie nach Wortarten.

AN		E
BE	FREUND	EN
UN		LICH

Nomen: ______

Adjektive: ______

Verben: ______

Übungsaufgaben II

Aufgabe 3

Ordne diese Wörter richtig in die Tabelle ein: Liebe, verlieben, Geliebte, lieblich

Präfix	Wortstamm	Suffix
	Lieb	e
ver	lieb	en
Ge	lieb	te
	lieb	lich

Aufgabe 4

Bilde aus diesen Wortstämmen Adjektive. Die Vokale a, o, u können dabei zu den Umlauten ä, ö, ü werden. ANGST, SINN, FURCHT

Aufgabe 5

Schreibe möglichst viele Wörter zur Wortfamilie mit dem Stamm ZAUB.

Lösungen der Übungsaufgaben I

Aufgabe 1

Setze den passenden Artikel ein.

die ___ Ferien — *das* ___ Abenteuer

der ___ Regenbogen — *die* ___ Insel

die ___ Reise — *der* ___ Schatz

Aufgabe 2

Ergänze die Tabelle.

bestimmter Artikel	unbestimmter Artikel	Nomen
die	eine	Lampe
das	*ein*	Pferd
der	*ein*	Kaffee
der	*ein*	Kalender
die	*eine*	Uhr
das	*ein*	Fenster

Aufgabe 3

Unterstreiche in diesem Witz alle bestimmten Artikel. Es sind insgesamt 8 Artikel.

Der Sohn des Fußball-Trainers kommt mit dem Zeugnis nach Hause. „Wie ist denn das Zeugnis?“, fragt der Vater. „Super“, sagt der Sohn, „der Vertrag für die 4. Klasse wurde um ein Jahr verlängert!“

Lösungen der Übungsaufgaben II

Aufgabe 4

Unterstreiche in diesem Witz alle 8 Artikel.

Der Lehrer fragt *die* Schüler: „Was macht ihr, wenn *ein* Gewitter kommt?“ *Eine* Schülerin meldet sich: „Ich lege mich auf *den* Boden.“ *Der* Lehrer fragt: „Richtig, aber warum?“ *Die* Schülerin antwortet: „Damit *der* Blitz denkt, man wäre schon tot.“

Aufgabe 5

Trage die fehlenden Artikel ein.

Die/Eine Lehrerin fragt *die/eine* Klasse: „Habt ihr in *der* letzten Woche *eine* gute Tat getan, wie wir es besprochen haben?“ *Ein* Schüler sagt: „Ja, ich habe unseren Hund auf *einen* Mann gehetzt. Er war auf *dem* Weg zu *dem* Bahnhof.“ *Die* Lehrerin ruft entsetzt: „*Eine* gute Tat sollte es doch sein!“ „Aber *der* Mann hat auf *die* Weise noch *den* Zug erreicht“ antwortet *der* Schüler.

Deutsch-Flyer 6

Wiederholen und Verstehen

Die Artikel (Begleiter)

Artikel stehen in Verbindung mit Nomen (Substantiven, Namenwörtern). Man nennt sie auch Begleiter.

Es gibt bestimmte und unbestimmte Artikel.

bestimmter Artikel	unbestimmter Artikel
der	ein
die	eine
das	ein

Der Gebrauch des Artikels richtet sich nach dem Geschlecht (Genus) des dazu gehörenden Nomens.

männlich (maskulinum) — der Baum, ein Baum
weiblich (femininum) — die Katze, eine Katze
sächlich (neutrum) — das Buch, ein Buch

Zwischen Artikel und Nomen können Adjektive oder erweiterte Adjektive stehen.
Beispiele: der alte Baum, die kleine Katze, das gute Buch, der über 100 Jahre alte Baum, die in der Sonne liegende Katze, das in der Bücherei ausgeliehene Buch

Musteraufgaben

Aufgabe 1
Setze den passenden Artikel ein.

*die*___ Schule *das*_ Haus

*der*___ Hausmeister *die*_ Turnhalle

*die*___ Hausaufgabe *der*_ Schatz

*die*___ Schulküche *der*_ Lehrer

Aufgabe 2
Unterstreiche in diesem Witz alle bestimmten und unbestimmten Artikel.

Die Lehrerin sagt: „Schreibt bitte einen Aufsatz ‚Der Besuch bei meinen Verwandten'". Nach nur zwei Minuten ist ein Schüler fertig. Die Lehrerin bittet ihn erstaunt vorzulesen. Der Schüler liest: „Ich fuhr zu meinen Verwandten, aber keiner war da."

Aufgabe 3
Trage in diesem Witz die fehlenden Artikel ein.

*Ein*_ Frosch kommt in *ein*_ Milchgeschäft.
*Die*_ Verkäuferin fragt: „Was willst du?"
*Der*_ Frosch antwortet: „Quark!"

Übungsaufgaben I

Aufgabe 1
Setze den passenden Artikel ein.

_____ Ferien _____ Abenteuer

_____ Regenbogen _____ Insel

_____ Reise _____ Schatz

Aufgabe 2
Ergänze die Tabelle.

bestimmter Artikel	unbestimmter Artikel	Nomen
die	eine	Lampe
		Pferd
		Kaffee
		Kalender
		Uhr
		Fenster

Aufgabe 3
Unterstreiche in diesem Witz alle bestimmten Artikel. Es sind insgesamt 8 Artikel.

Der Sohn des Fußball-Trainers kommt mit dem Zeugnis nach Hause. „Wie ist denn das Zeugnis?", fragt der Vater. „Super", sagt der Sohn, „der Vertrag für die 4. Klasse wurde um ein Jahr verlängert!"

Übungsaufgaben II

Aufgabe 4
Unterstreiche in diesem Witz alle 8 Artikel.

Der Lehrer fragt die Schüler: „Was macht ihr, wenn ein Gewitter kommt?" Eine Schülerin meldet sich: „Ich lege mich auf den Boden." Der Lehrer fragt: „Richtig, aber warum?" Die Schülerin antwortet: „Damit der Blitz denkt, man wäre schon tot."

Aufgabe 5
Trage die fehlenden Artikel ein.

_____ Lehrerin fragt _____ Klasse: „Habt ihr in _____ letzten Woche _____ gute Tat getan, wie wir es besprochen haben?" _____ Schüler sagt: „Ja, ich habe unseren Hund auf _____ Mann gehetzt. Er war auf _____ Weg zu _____ Bahnhof." _____ Lehrerin ruft entsetzt: „ _____ gute Tat sollte es doch sein!" „Aber _____ Mann hat auf _____ Weise noch _____ Zug erreicht" antwortet _____ Schüler.

Lösungen der Übungsaufgaben I

Aufgabe 1

Sind diese Wörter Nomen? Finde es heraus, indem du dich fragst: Kann ich es anfassen oder haben? Kreuze an.

	Nomen, denn ich kann es anfassen oder haben	**kein Nomen**
SCHERE	*X*	
LANGEWEILE	*X*	
WEICH		*X*
SCHLAFEN		*X*
GEBURTSTAG	*X*	
LAUT		*X*
IGEL	*X*	
HAUSAUFGABE	*X*	
FAHREN		*X*
KAUGUMMI	*X*	

Aufgabe 2

Ordne diese Nomen nach ihrem grammatischen Geschlecht (Genus):

Mann, Frau, Kind, Hamster, Pferd, Katze, Auto, Bus, Fähre.

maskulinum	femininum	neutrum
der Mann	*die Frau*	*das Kind*
der Hamster	*die Katze*	*das Pferd*
der Bus	*die Fähre*	*das Auto*

Lösungen der Übungsaufgaben II

Aufgabe 3

Schreibe den Witz richtig auf und denke daran, alle Satzanfänge und Nomen groß zu schreiben.

DAS TELEFON KLINGELT. LEONIE RUFT: „PAPA; NINAS VATER IST DRAN. ER MÖCHTE WISSEN. WANN DU MIT MEINEN HAUSAUFGABEN FERTIG BIST. ER MÖCHTE SIE DANN ABSCHREIBEN."

Das Telefon klingelt. Leonie ruft:

„Papa, Ninas Vater ist dran. Er möchte

wissen, wann du mit meinen Hausaufgaben

fertig bist.

Er möchte sie dann abschreiben."

Aufgabe 4

Ergänze die Tabelle.

Singular (Einzahl)	Plural (Mehrzahl)
Tisch	*Tische*
Boden	*Böden*
Schere	*Scheren*
Blatt	*Blätter*
Huhn	*Hühner*
Kalender	*Kalender*
Monat	*Monate*
Maschine	*Maschinen*
Lexikon	*Lexika*

Deutsch-Flyer 7

Wiederholen und Verstehen

Nomen (Substantive)

Nomen (Substantive) sind **Namen** und alles, was man **anfassen** oder **haben** kann: Marie, Katze, Rose, Tisch, Ferien, Grippe.

Nomen werden **groß** geschrieben.

Die meisten Nomen haben eine Einzahl und eine Mehrzahl (Singular und Plural).
In der Mehrzahl werden die Vokale a, o, u häufig zu den Umlauten ä, ö, ü.

Singular (Einzahl)	Plural (Mehrzahl)
Alexander	-
Kaninchen	Kaninchen
Baum	Bäume
Kind	Kinder
-	Ferien
Idee	Ideen

Nomen haben ein **grammatisches Geschlecht** (Genus).

maskulinum	femininum	neutrum
der Apfel	die Zitrone	das Obst
der Einfall	die Fantasie	das Alter

Musteraufgaben

Aufgabe 1

Sind diese Wörter Nomen? Finde es heraus, indem du dich fragt: Kann ich es anfassen oder haben? Kreuze an.

	Nomen, denn ich kann es anfassen oder haben	**kein Nomen**
SCHNUPFEN	*X*	
LESEN		*X*
KRÄFTIG		*X*
HERBSTFERIEN	*X*	
SCHÖN		*X*

Aufgabe 2

Ordne diese Nomen nach ihrem grammatischen Geschlecht (Genus):

Sofa, Lampe, Teppich, Fernseher, Fenster, Wand

maskulinum	**femininum**	**neutrum**
der Teppich	*die Lampe*	*das Sofa*
der Fernseher	*die Wand*	*das Fenster*

Aufgabe 3

Ergänze die Tabelle.

Singular (Einzahl)	**Plural (Mehrzahl)**
Kind	*Kinder*
Traum	*Träume*
Tasse	*Tassen*
Stift	*Stifte*
Buch	*Bücher*

Übungsaufgaben I

Aufgabe 1

Sind diese Wörter Nomen? Finde es heraus, indem du dich fragst: Kann ich es anfassen oder haben? Kreuze an.

	Nomen, denn ich kann es anfassen oder haben	**kein Nomen**
SCHERE		
LANGEWEILE		
WEICH		
SCHLAFEN		
GEBURTSTAG		
LAUT		
IGEL		
HAUSAUFGABE		
FAHREN		
KAUGUMMI		

Aufgabe 2

Ordne diese Nomen nach ihrem grammatischen Geschlecht (Genus):

Mann, Frau, Kind, Hamster, Pferd, Katze, Auto, Bus, Fähre.

maskulinum	**femininum**	**neutrum**

KOHL VERLAG Täglich Deutsch üben! Rechtschreibung & Grammatik – Bestell-Nr. 12 552

Übungsaufgaben II

Aufgabe 3

Schreibe den Witz richtig auf und denke daran, alle Satzanfänge und Nomen groß zu schreiben.

DAS TELEFON KLINGELT. LEONIE RUFT: „PAPA; NINAS VATER IST DRAN. ER MÖCHTE WISSEN, WANN DU MIT MEINEN HAUSAUFGABEN FERTIG BIST. ER MÖCHTE SIE DANN ABSCHREIBEN."

____

____

____

____

____

Aufgabe 4

Ergänze die Tabelle.

Singular (Einzahl)	**Plural (Mehrzahl)**
Tisch	
Boden	
Schere	
Blatt	
Huhn	
Kalender	
Monat	
Maschine	
Lexikon	

KOHL VERLAG Täglich Deutsch üben! Rechtschreibung & Grammatik – Bestell-Nr. 12 552

Lösungen der Übungsaufgaben I

Aufgabe 1

Bilde Komposita aus diesen Nomen.

Sand Blei Obst Schule

Hand Korb Stift

Puppe Bus Uhr

Handpuppe, Schulbus, Bleistift, Obstkorb,

Sanduhr

Aufgabe 2

Unterstreiche in diesen Komposita das Grundwort und trage den passenden Artikel ein.

die Klassen<u>lehrerin</u> *der* Zeitungs<u>leser</u>

das Bett<u>laken</u> *die* Möhren<u>suppe</u>

das Schloss<u>gespenst</u>

Aufgabe 3

Ergänze die passenden Fugenelemente.

Bestimmungs-wort	Fugen-element	Grund-wort
Hund	*e*	rasse
Straße	*n*	bahn
Hochzeit	*s*	feier
Kind	*er*	zimmer
Ansicht	*s*	karte

Lösungen der Übungsaufgaben II

Aufgabe 4

Finde die sieben zusammengesetzten Nomen.

X	L	A	R	T	Z	H	U	J	H	L
A	A	U	T	O	F	A	H	R	T	S
S	A	B	E	N	D	K	A	S	S	E
E	R	L	E	N	H	O	L	Z	A	I
L	M	N	K	R	P	W	S	Q	R	S
E	U	D	A	E	E	Z	B	W	B	K
H	J	J	N	G	H	L	A	B	E	R
I	R	U	N	D	G	A	N	G	C	E
U	J	L	E	M	D	G	D	K	D	M

Aufgabe 5

Bilde Komposita aus mehr als zwei Nomen.

der Fuß + der Ball + das Spiel =

das Fußballspiel

die Erdbeere + die Marmelade + das Glas =

das Erdbeermarmeladenglas

das Kaninchen + der Stall + die Säuberung =

die Kaninchenstallsäuberung

Deutsch-Flyer 8

Wiederholen und Verstehen

Zusammengesetzte Nomen (Komposita)

Nomen kann man **zusammensetzen**, sodass neue Nomen entstehen, zum Beispiel:

Kaffee + Maschine = Kaffeemaschine

Das letzte Nomen nennt man **Grundwort**, das andere Nomen nennt man **Bestimmungswort**.

Das Grundwort bestimmt das **grammatische Geschlecht** (Genus) des zusammengesetzten Nomens.

die Wand + der Schrank = der Wandschrank
das Armband + die Uhr = die Armbanduhr
der Traum + das Schloss = das Traumschloss

Manchmal benötigt man zur Bildung von zusammengesetzten Nomen noch **Fugenelemente**. Das sind einzelne Buchstaben, die eingesetzt werden, damit sich das Wort leichter aussprechen lässt.

Bestimmungs-wort	Fugen-element	Grund-wort
Bild	er	rahmen
Advent	s	kranz

Musteraufgaben

Aufgabe 1
Bilde Komposita aus diesen Nomen.

Uhr Kuckuck Freund Vogel
Garten Haus Käfig Kreis

Kuckucksuhr, Vogelkäfig, Gartenhaus,
Freundeskreis

Aufgabe 2
Ergänze die passenden Fugenelemente.

Bestimmungs-wort	Fugen-element	Grund-wort
Schmerz	*ens*	geld
Verlobung	*s*	ring
Pflaume	*n*	baum

Aufgabe 3
Unterstreiche in diesen Komposita das Grundwort und trage den passenden Artikel ein.

die Bohrmaschine *der* Brotkorb
das Fernsehprogramm *der* Ehering

Aufgabe 4
Bilde Komposita aus mehr als zwei Nomen.

die Geburt + der Tag + das Fest =
das Geburtstagsfest

der Traum + der Zauber + der Baum =
der Traumzauberbaum

Übungsaufgaben I

Aufgabe 1
Bilde Komposita aus diesen Nomen.

Sand Blei Obst Schule
Hand Korb Stift
Puppe Bus Uhr

____

____

Aufgabe 2
Unterstreiche in diesen Komposita das Grundwort und trage den passenden Artikel ein.

_____ Klassenlehrerin ___ Zeitungsleser
_____ Bettlaken ___ Möhrensuppe
_____ Schlossgespenst

Aufgabe 3
Ergänze die passenden Fugenelemente.

Bestimmungs-wort	Fugen-element	Grund-wort
Hund		rasse
Straße		bahn
Hochzeit		feier
Kind		zimmer
Ansicht		karte

Übungsaufgaben II

Aufgabe 4
Finde die sieben zusammengesetzten Nomen.

X	L	A	R	T	Z	H	U	J	H	L
A	A	U	T	O	F	A	H	R	T	S
S	A	B	E	N	D	K	A	S	S	E
E	R	L	E	N	H	O	L	Z	A	I
L	M	N	K	R	P	W	S	Q	R	S
E	U	D	A	E	E	Z	B	W	B	K
H	J	J	N	G	H	L	A	B	E	R
I	R	U	N	D	G	A	N	G	C	E
U	J	L	E	M	D	G	D	K	D	M

Aufgabe 5
Bilde Komposita aus mehr als zwei Nomen.

der Fuß + der Ball + das Spiel =

____

die Erdbeere + die Marmelade + das Glas =

____

das Kaninchen + der Stall + die Säuberung =

____

Lösungen der Übungsaufgaben I

Aufgabe 1

Sind diese Wörter Verben? Finde es heraus, indem du dich fragst: Könnte ich es tun?

	Verb, denn ich könnte es tun	**kein Verb**
SCHLAFEN	*X*	
FEUER		*X*
HAUSTIER		*X*
NÄHEN	*X*	
SITZEN	*X*	
GEFÄHRLICH		*X*
TRINKEN	*X*	
JUNG		*X*
BESEN		*X*

Aufgabe 2

Konjugiere diese Verben.

Person	**Infinitiv: malen**	**Infinitiv: schlafen**
ich	*male*	*schlafe*
du	*malst*	*schläfst*
er, sie, es	*malt*	*schläft*
wir	*malen*	*schlafen*
ihr	*malt*	*schlaft*
sie	*malen*	*schlafen*

Lösungen der Übungsaufgaben II

Aufgabe 3

Verbinde die Verben mit der passenden Befehlsform (Imperativ).

bringen	Wandere!
denken	Iss!
helfen	Hilf!
wandern	Bringe!
reden	Sieh!
essen	Nimm!
geben	Denke!
sehen	Gib!
nehmen	Rede!

Aufgabe 4

Setze in diesem Witz die passenden Personalformen dieser Verben ein:

sagen, werfen, rufen, fragen, können, zielen.

Der Lehrer *sagt* zu den Erstklässlern:

„Wenn die großen Kinder mit Schneebällen auf euch *werfen*, dann *ruft* mich!“ Paul *fragt*:

„*Kannst* du denn gut *zielen*?“

Deutsch-Flyer 9

Wiederholen und Verstehen

Verben

Verben beschreiben, was geschieht oder was getan wird.

Beispiele: haben, gehen, malen, regnen
Sie beschreiben Tätigkeiten, daher nennt man sie manchmal auch Tätigkeitswörter oder Tuwörter.

In Sätzen verwendet man statt der Grundform (Infinitiv) eines Verbs meistens die Personalform. Die Veränderung des Verbs je nach Personalform nennt man Konjugation.

Person	**Infinitiv: laufen**	**Infinitiv: sagen**
ich	laufe	sage
du	läufst	sagst
er, sie, es	läuft	sagt
wir	laufen	sagen
ihr	lauft	sagt
sie	laufen	sagen

Um Aufforderungen oder Bitten auszudrücken, verwendet man die **Befehlsform (Imperativ)**.

Lauf! Lauft! Sag! Sagt!

Musteraufgaben

Aufgabe 1

Sind diese Wörter Verben? Finde es heraus, indem du dich fragst: Könnte ich es tun?

	Verb, denn ich könnte es tun	kein Verb
DÜNN		X
SINGEN	X	
NACHT		X
WARM		X
LINEAL		X
VERREISEN	X	

Aufgabe 2

Konjugiere diese Verben.

Person	Infinitiv: lesen	Infinitiv: sehen
ich	lese	sehe
du	liest	siehst
er, sie, es	liest	sieht
wir	lesen	sehen
ihr	lest	seht
sie	lesen	sehen

Aufgabe 3

Verbinde die Verben mit der passenden Befehlsform.

bleiben → Bleib!
versuchen → Versuche!
nehmen → Nimm!
kommen → Komm!

Übungsaufgaben I

Aufgabe 1

Sind diese Wörter Verben? Finde es heraus, indem du dich fragst: Könnte ich es tun?

	Verb, denn ich könnte es tun	kein Verb
SCHLAFEN		
FEUER		
HAUSTIER		
NÄHEN		
SITZEN		
GEFÄHRLICH		
TRINKEN		
JUNG		
BESEN		

Aufgabe 2

Konjugiere diese Verben.

Person	Infinitiv: malen	Infinitiv: schlafen
ich		
du		
er, sie, es		
wir		
ihr		
sie		

Übungsaufgaben II

Aufgabe 3

Verbinde die Verben mit der passenden Befehlsform (Imperativ).

bringen	Wandere!
denken	Iss!
helfen	Hilf!
wandern	Bringe!
reden	Sieh!
essen	Nimm!
geben	Denke!
sehen	Gib!
nehmen	Rede!

Aufgabe 4

Setze in diesem Witz die passenden Personalformen dieser Verben ein:

sagen, werfen, rufen, fragen, können, zielen.

Der Lehrer _______ zu den Erstklässlern:

„Wenn die großen Kinder mit Schneebällen auf euch ________, dann

______ mich!“ Paul ______:

„__________ du denn gut ___________?“

Lösungen der Übungsaufgaben I

Aufgabe 1
Sind diese Wörter Adjektive? Finde es heraus, indem du dich fragst: Könnte etwas so sein?

	Adjektiv, denn so könnte etwas sein	**kein Verb**
SPANNEND	*X*	
KAMILLE		*X*
RUND	*X*	
BUCH		*X*
WOLKE		*X*
STAUBSAUGEN		*X*
WÜTEND	*X*	
GELB	*X*	
STRAND		*X*

Aufgabe 2
Unterstreiche alle Adjektive. Ihre Anfangsbuchstaben ergeben hintereinander gelesen ein Lösungswort.

FRISCH; FILZSTIFT; LESEBUCH; ALBERN;

MUTIG; SCHREIBEN; INTELLIGENT;

HEIRATEN; LUSTIG; INTERESSANT;

ELEFANT; BAUERNHOF; ERFOLGREICH

Lösungswort: F A M I L I E

Lösungen der Übungsaufgaben II

Aufgabe 3
Trage die fehlenden Wörter ein.

Positiv	**Komparativ**	**Superlativ**
schnell	*schneller*	*am schnellsten*
leise	*leiser*	*am leisesten*
hell	*heller*	*am hellsten*
groß	*größer*	*am größten*
hoch	*höher*	*am höchsten*

Aufgabe 4
Trage diese Adjektive mit passenden Endungen ein: jung, seltsam, braun, schwarz, schön, ungewöhnlich.

Ein Lehrer fragt den *jungen* Schüler:

„Warum hast du so *seltsame* Schuhe

an?

Du trägst einen *braunen* und einen

schwarzen Schuh!“ Der Schüler

antwortet: „*Schön*, nicht wahr?

Ich habe dieses *ungewöhnliche* Paar

sogar zweimal.“

Deutsch-Flyer 10

Wiederholen und Verstehen

Adjektive

Mit Adjektiven beschreibt man die Eigenschaften eines Gegenstands, einer Person, eines Erlebnisses,...
Daher nennt man Adjektive auch **Eigenschaftswörter** (Wie-Wörter).
Beispiele: kalt, groß, interessant, grün, scharf

Adjektive kann man **steigern**.

Grundstufe (Positiv)	**Steigerungsstufe (Komparativ)**	**Meiststufe (Superlativ)**
leicht	leichter	am leichtesten
alt	älter	am ältesten
jung	jünger	am jüngsten
hoch	höher	am höchsten

Adjektive werden in Sätzen meistens **gebeugt (flektiert)**. Ihre Endungen verändern sich je nach Genus des folgenden Nomens und je nach Artikel.

bestimmter Artikel	**unbestimmter Artikel**
der heiße Kaffee	ein heißer Kaffee
das alte Pferd	ein altes Pferd
die junge Frau	eine junge Frau

Musteraufgaben

Aufgabe 1

Sind diese Wörter Adjektive? Finde es heraus, indem du dich fragst: Könnte etwas so sein?

	Adjektiv, denn so könnte etwas sein	**kein Verb**
BLAU	*X*	
WINZIG	*X*	
KELLER		*X*
SCHÖN	*X*	
SUCHEN		*X*

Aufgabe 2

Unterstreiche alle Adjektive. Ihre Anfangsbuchstaben ergeben hintereinander gelesen ein Lösungswort.

KUCHEN; KALT; HÜPFEN; UNRUHIG;

SCHWALBE; SCHWIMMBAD; HEIMLICH

Lösungswort: *KUH*

Aufgabe 3

Trage die fehlenden Wörter ein.

Positiv	**Komparativ**	**Superlativ**
lieb	*lieber*	*am liebsten*
heiß	*heißer*	*am heißesten*
tief	*tiefer*	*am tiefsten*

Übungsaufgaben I

Aufgabe 1

Sind diese Wörter Adjektive? Finde es heraus, indem du dich fragst: Könnte etwas so sein?

	Adjektiv, denn so könnte etwas sein	**kein Verb**
SPANNEND		
KAMILLE		
RUND		
BUCH		
WOLKE		
STAUBSAUGEN		
WÜTEND		
GELB		
STRAND		

Aufgabe 2

Unterstreiche alle Adjektive. Ihre Anfangsbuchstaben ergeben hintereinander gelesen ein Lösungswort.

________; FILZSTIFT; LESEBUCH; _______;

________; SCHREIBEN; ___________;

HEIRATEN; ______; _____________;

ELEFANT; BAUERNHOF; _____________

Lösungswort: _ _ _ _ _ _ _

KOHL VERLAG Täglich Deutsch üben! Rechtschreibung & Grammatik – Bestell-Nr. 12 552

Übungsaufgaben II

Aufgabe 3

Trage die fehlenden Wörter ein.

Positiv	**Komparativ**	**Superlativ**
schnell		
leise		
hell		
groß		
hoch		

Aufgabe 4

Trage diese Adjektive mit passenden Endungen ein: jung, seltsam, braun, schwarz, schön, ungewöhnlich.

Ein Lehrer fragt den ___________ Schüler: „Warum hast du so ___________ Schuhe an?

Du trägst einen _________ und einen ___________ Schuh!" Der Schüler antwortet: „________, nicht wahr?

Ich habe dieses _____________ Paar sogar zweimal."

KOHL VERLAG Täglich Deutsch üben! Rechtschreibung & Grammatik – Bestell-Nr. 12 552

Lösungen der Übungsaufgaben I

Aufgabe 1

Unterstreiche in diesem Witz alle acht Personalpronomen.

Die Lehrerin sagt zu den Eltern: „Ihr Sohn gefällt mir. Er hat einen enormen Wissensdurst. Von wem hat er das geerbt?“ Die Mutter antwortet ihr: „Das Wissen hat er von mir, den Durst hat er von seinem Vater.“

Aufgabe 2

Unterstreiche die sechs Personalpronomen.

Ich gebe dir ein Handtuch. Du gibst mir einen Kuss. Wir nehmen uns nächste Woche frei.

Aufgabe 3

Jeder wäscht sich selbst! Ergänze die fehlenden Endungen und Personalpronomen.

Ich wasch*e* *mich*.

Du wäsch*st* *dich*.

Er wäsch*t* *sich*.

Wir wasch*en* *uns*.

Ihr wasch*t* *euch*.

Sie wasch*en* *sich*.

Lösungen der Übungsaufgaben II

Aufgabe 4

Ergänze die Sätze passend mit diesen Wörtern: du, uns, ihr, euch, wir

Ist *euch* kalt? *Wir* wärmen *uns* auf. Möchtet *ihr* einen Tee trinken? Suchst *du* eine Sorte aus?

Aufgabe 5

Ergänze in diesen Witzen die fehlenden Personalpronomen.

a) Die Englischlehrerin fragt Oskar: „Kannst *du* mir sagen, was „neun“ auf Englisch heißt?“ *Er* antwortet. „Nein.“ *Sie* sagt: „Super, genau richtig!“

b) Max schläft im Unterricht. Der Lehrer weckt *ihn*: „*Ich* kann *mir* nicht vorstellen, dass hier der richtige Platz zum Schlafen für *dich* ist!“ Max antwortet *ihm*: „Das geht, *ihr* müsst nur leiser sprechen.“

Deutsch-Flyer 11

Wiederholen und Verstehen

Personalpronomen

Personalpronomen **(persönliche Fürwörter)** sind **Stellvertreter** oder Begleiter von Nomen. Personalpronomen können auch **gebeugt (flektiert)** werden.

Person	Personalpronomen		
1. Person Singular	ich	mir	mich
2. P. Sg.	du	dir	dich
3. P. Sg.	er/sie/es	ihm/ihr/ ihm	sich
1. Person Plural	wir	uns	uns
2. P. Pl.	ihr	euch	euch
3. P. Pl.	sie	ihnen	sich

Mit Personalpronomen kann man Texte inhaltlich verknüpfen und vermeidet Wortwiederholungen.

Meine Eltern leben in einem kleinen Haus.
Sie renovieren es gerade.

Musteraufgaben

Aufgabe 1
Unterstreiche in diesem Witz alle fünf Personalpronomen.

Clara fragt: „Wollen wir uns heute Nachmittag treffen?“
Katharina antwortet ihr: „Ja, am besten kommst du um 14 Uhr zum Springbrunnen im Park.“
Clara: „In Ordnung. Und wann kommst du?“

Aufgabe 2
Jeder mag sich selbst! Ergänze die fehlenden Personalpronomen.

Ich mag *mich*.
Du magst *dich*.
Er mag *sich*.
Wir mögen *uns*.
Ihr mögt *euch*.
Sie mögen *sich*.

Aufgabe 3
Ergänze die Sätze passend mit diesen Wörtern: mir, uns, ich, dich, ihm, wir, sie

Wir begrüßen *uns*. Sage *ihm* bitte Bescheid. Grüße *sie* von *mir*.

Ich habe *dich* lange nicht gesehen.

Übungsaufgaben I

Aufgabe 1
Unterstreiche in diesem Witz alle acht Personalpronomen.

Die Lehrerin sagt zu den Eltern: „_____ Sohn gefällt ___. __ hat einen enormen Wissensdurst. Von wem hat __ das geerbt?“ Die Mutter antwortet ___: „Das Wissen hat ___ von ___, den Durst hat __ von seinem Vater.“

Aufgabe 2
Unterstreiche die sechs Personalpronomen.

Ich gebe dir ein Handtuch. Du gibst mir einen Kuss. Wir nehmen uns nächste Woche frei.

Aufgabe 3
Jeder wäscht sich selbst! Ergänze die fehlenden Endungen und Personalpronomen.

Ich wasch__ ___________.
Du wäsch__ ___________.
Er wäsch__ ___________.
Wir wasch__ ___________.
Ihr wasch__ ___________.
Sie wasch__ ___________.

Übungsaufgaben II

Aufgabe 4
Ergänze die Sätze passend mit diesen Wörtern: du, uns, ihr, euch, wir

Ist ________ kalt? ______ wärmen ______ auf. Möchtet ______ einen Tee trinken? Suchst ______ eine Sorte aus?

Aufgabe 5
Ergänze in diesen Witzen die fehlenden Personalpronomen.

a) Die Englischlehrerin fragt Oskar:
„Kannst ____ mir sagen, was „neun“ auf Englisch heißt?“ ____ antwortet. „Nein.“ ____ sagt: „Super, genau richtig!“

b) Max schläft im Unterricht. Der Lehrer weckt ______: „_____ kann _____ nicht vorstellen, dass hier der richtige Platz zum Schlafen für ______ ist!“ Max antwortet ______: „Das geht, _______ müsst nur leiser sprechen.“

Lösungen der Übungsaufgaben I

Aufgabe 1

Trenne die Satzglieder mit Strichen voneinander. Stelle zum jeweiligen Satzglied die passende Frage und beantworte sie.

a) Anna | putzt | das Badezimer.

Prädikat: Was tut Anna? – putzen

Akkusativobjekt: Wen oder was putzt Anna? – das Badezimmer

Subjekt: Wer oder was putzt das Badezimmer? – Anna

Aufgabe 2

Trenne die Satzglieder mit Strichen voneinander. Stelle zum jeweiligen Satzglied die passende Frage und beantworte diese.

b) Peter trinkt seinen Orangensaft.

Prädikat: Was tut Peter? – trinken

Akkusativobjekt: Wen oder was trinkt Peter? – seinen Orangensaft

Subjekt: Wer oder was trinkt seinen Orangensaft? – Peter

Lösungen der Übungsaufgaben II

Aufgabe 3

Trenne die Satzglieder mit Strichen voneinander und unterstreiche das Prädikat.

In den alten Zeiten | lebte | ein König. Seine Töchter | waren | sehr schön. Die Jüngste | war | besonders schön. Nahe bei dem Schlosse des Königs | lag | ein großer, dunkler Wald. Unter einer alten Linde | war | ein Brunnen. An heißen Tagen | ging | die jüngste Königstochter | hinaus in den Wald. Sie | saß | dann | an dem Brunnen. Dort | spielte | sie | mit einer goldenen Kugel.

? Zu welchem Märchen gehört dieser Anfang? *Der Froschkönig*

Aufgabe 4

Trenne die Satzglieder mit Strichen voneinander. Unterstreiche dann das Prädikat rot, das Subjekt grün und die Objekte blau.

Die Lehrerin | zeigt | ihrer Klasse | den Tierpark.
(Subjekt) (Prädikat) (Dativobjekt) (Akkusativobjekt)

Finja | schenkt | ihren Eltern | eine Überraschung.
(Subjekt) (Prädikat) (Dativobjekt) (Akkusativobjekt)

Deutsch-Flyer 12

Wiederholen und Verstehen

Satzglieder

Jeder Satz setzt sich aus verschiedenen Satzgliedern zusammen.

Ein Satzglied besteht aus allen Wörtern, die innerhalb eines Satzes gemeinsam verschoben werden können. Dies nennt man **Umstellprobe**.

Beispiel:

a) Mein Freund Patrick | macht | leckeren Kartoffelauflauf.

b) Macht | mein Freund Patrick | leckeren Kartoffelauflauf?

c) Leckeren Kartoffelauflauf | macht | mein Freund Patrick.

Die wichtigsten Satzglieder sind:

- das **Prädikat** (Satzkern, Satzaussage). Es wird immer von einem Verb gebildet und mit „Was tut?“ erfragt.
- das **Subjekt** (Satzgegenstand). Es wird mit „Wer oder was?“ erfragt.
- das **Akkusativobjekt**. Es wird mit „Wen oder was?“ erfragt.
- das **Dativobjekt**. Es wird mit „Wem?“ erfragt.

Musteraufgaben

Aufgabe 1
Trenne die Satzglieder mit Strichen voneinander.

Berlin | ist | die Hauptstadt.

Ist *Berlin die Hauptstadt?* ______

Die *Hauptstadt ist Berlin.* ______

Aufgabe 2
Ein Satzglied kann man durch ein anderes Wort ersetzen. Dies nennt man **Ersatzprobe**. Ersetze das unterstrichene Satzglied durch ein anderes Wort.

a) Patrick kocht eine Suppe.
Er macht sie. ______

b) Sabine isst ein Stück Kuchen.
Sie verspeist es. ______

Aufgabe 3
Trenne die Satzglieder mit Strichen voneinander. Unterstreiche dann die Prädikate rot, die Subjekte grün und die Objekte blau.

Der Postbote bringt der Nachbarin ein Paket.

Übungsaufgaben I

Aufgabe 1
Trenne die Satzglieder mit Strichen voneinander. Stelle zum jeweiligen Satzglied die passende Frage und beantworte sie.

a) Anna putzt das Badezimer.

Prädikat: ______

Akkusativobjekt: ______

______

Subjekt: ______

______

Aufgabe 2
Trenne die Satzglieder mit Strichen voneinander. Stelle zum jeweiligen Satzglied die passende Frage und beantworte diese.

b) Peter trinkt seinen Orangensaft.

Prädikat: ______

Akkusativobjekt: ______

______

Subjekt: ______

______

Übungsaufgaben II

Aufgabe 3
Trenne die Satzglieder mit Strichen voneinander und unterstreiche das Prädikat.

In den alten Zeiten lebte ein König.
Seine Töchter waren sehr schön.
Die Jüngste war besonders schön.
Nahe bei dem Schlosse des Königs lag ein großer, dunkler Wald.
Unter einer alten Linde war ein Brunnen. An heißen Tagen ging die jüngste Königstochter hinaus in den Wald.
Sie saß dann an dem Brunnen.
Dort spielte sie mit einer goldenen Kugel.

? Zu welchem Märchen gehört dieser Anfang? ______

Aufgabe 4
Trenne die Satzglieder mit Strichen voneinander. Unterstreiche dann das Prädikat rot, das Subjekt grün und die Objekte blau.

Die Lehrerin zeigt ihrer Klasse den Tierpark.

Finja schenkt ihren Eltern eine Überraschung.

Lösungen der Übungsaufgaben I

Aufgabe 1

Setze die Anführungszeichen in diesem Witz zu Beginn und am Ende der wörtlichen Rede.

a) In der Englischstunde fragt Frau Noack:
„ Björn, was heißt Glocke auf Englisch? “
Björn antwortet: „ Weiß ich nicht. “
Frau Noack sagt ihm die Lösung: „ Bell “
Darauf macht Björn: „ Wuff, wuff! “

b) Die neue Lehrerin sagt zu ihrer Klasse:
„ Eure Namen sind mir zu lang, ich kürze sie einfach ab. Thomas nenne ich Tom, Maximilian nenne ich Max, Annemarie nenne ich Anne. “
Plötzlich rennt ein Mädchen weinend hinaus. Die Lehrerin fragt die Banknachbarin: „ Was ist denn los? “ Die Banknachbarin antwortet: : „ Ich weiß auch nicht, was Klothilde hat. “

Aufgabe 2

Ergänze zwei Begleitsätze.

„Simon, kannst du mir die Mehrzahl von Baum sagen?“ *fragt der Lehrer.*

Simon antwortet: „Wald!“

Lösungen der Übungsaufgaben II

Aufgabe 3

Unterstreiche die fünf Begleitsätze.

Der Lehrer sagt zu seiner Klasse: „Ich stelle euch jeden Morgen eine Frage. Wer sie richtig beantwortet, hat den ganzen Tag frei.“ Am nächsten Tag fängt er damit an. Er fragt: „Wie viel Liter Wasser hat das Mittelmeer?“ Keiner weiß es. „Wie viele Sandkörner hat die Sahara?“, will er am nächsten Tag wissen. Wieder weiß es keiner. Am nächsten Tag legt Antonia einen Euro auf das Lehrerpult. Der Lehrer kommt in die Klasse. „Hier liegt ein Euro“, sagt er, „wem gehört das Geld?“ Antonia steht auf, nimmt dem Lehrer das Geld aus der Hand und geht zur Tür. Dort sagt sie: „Mir, also tschüs bis morgen!“

Aufgabe 4

Ergänze alle fehlenden Satzzeichen.

Die Lehrerin fragt :„ Woran können wir erkennen, dass die Erde rund ist ?“

Emily antwortet : „ Am Globus natürlich .“

Deutsch-Flyer 13

Wiederholen und Verstehen

Wörtliche Rede

Wenn man wiedergeben möchte, was jemand geäußert hat oder in einer Geschichte die Personen miteinander sprechen lassen möchte, verwendet man wörtliche Rede (**direkte Rede**).

Die direkte Rede wird mit **Anführungszeichen „“** gekennzeichnet. Diese stehen zu Beginn der wörtlichen Rede unten, am Ende der wörtlichen Rede oben.

Beispiel:
„Gleich sind wir am Bahnhof.“

Zur wörtlichen Rede gehört häufig ein **Begleitsatz**. Dieser kann an verschiedenen Positionen stehen:

- vor der wörtlichen Rede
  Sie sagte: „Der Zug müsste gleich ankommen.“
- nach der wörtlichen Rede
  „Ist Oma in dem Zug?“, fragte sie.
- zwischen der wörtlichen Rede
  „Da ist sie!“, rief Johanna, „ich kann sie schon sehen!“

Musteraufgaben

Aufgabe 1

Setze die Anführungszeichen in diesem Witz zu Beginn und am Ende der wörtlichen Rede.

Ein Dalmatiner kommt an die Supermarktkasse. Da fragt ihn die Verkäuferin:
„ Sammeln Sie Punkte? “

Aufgabe 2

Unterstreiche die Begleitsätze.

Die Mathelehrerin fragt Laura: „Was ist 63 geteilt durch 9?“ Laura überlegt lange. „Eine Matheaufgabe!“, antwortet sie schließlich.

Aufgabe 3

Ergänze zwei Begleitsätze.

Der Arzt ist in der Schule und impft alle Schüler. „Lukas, weißt du, gegen was ich dich geimpft habe?“, *fragt der Arzt*.
Lukas antwortet: „Ja, gegen meinen Willen!“

Aufgabe 4

Ergänze alle fehlenden Satzzeichen.

Der Lehrer erklärt: „ Es gibt Millimeter und Zentimeter. Was gibt es noch ?“
Niklas meint: „ Elfmeter !“

Übungsaufgaben I

Aufgabe 1

Setze die Anführungszeichen in diesem Witz zu Beginn und am Ende der wörtlichen Rede.

a) In der Englischstunde fragt Frau Noack:
__ Björn, was heißt Glocke auf Englisch? __
Björn antwortet: __ Weiß ich nicht. __
Frau Noack sagt ihm die Lösung: __ Bell __
Darauf macht Björn: __Wuff, wuff! __

b) Die neue Lehrerin sagt zu ihrer Klasse:
__ Eure Namen sind mir zu lang, ich kürze sie einfach ab. Thomas nenne ich Tom, Maximilian nenne ich Max, Annemarie nenne ich Anne. __
Plötzlich rennt ein Mädchen weinend hinaus. Die Lehrerin fragt die Banknachbarin: __ Was ist denn los? __ Die Banknachbarin antwortet: : __ Ich weiß auch nicht, was Klothilde hat. __

Aufgabe 2

Ergänze zwei Begleitsätze.

„Simon, kannst du mir die Mehrzahl von Baum sagen?“ ____________________

____________________: „Wald!“

Übungsaufgaben II

Aufgabe 3

Unterstreiche die fünf Begleitsätze.

Der Lehrer sagt zu seiner Klasse: „Ich stelle euch jeden Morgen eine Frage. Wer sie richtig beantwortet, hat den ganzen Tag frei.“ Am nächsten Tag fängt er damit an. Er fragt: „Wie viel Liter Wasser hat das Mittelmeer?“ Keiner weiß es. „Wie viele Sandkörner hat die Sahara?“, will er am nächsten Tag wissen. Wieder weiß es keiner. Am nächsten Tag legt Antonia einen Euro auf das Lehrerpult. Der Lehrer kommt in die Klasse. „Hier liegt ein Euro“, sagt er, „wem gehört das Geld?“ Antonia steht auf, nimmt dem Lehrer das Geld aus der Hand und geht zur Tür. Dort sagt sie: „Mir, also tschüs bis morgen!“

Aufgabe 4

Ergänze alle fehlenden Satzzeichen.

Die Lehrerin fragt :__ Woran können wir erkennen, dass die Erde rund ist ___
Emily antwortet __ Am Globus natürlich ___

Lösungen der Übungsaufgaben I

Aufgabe 1

Dieses Rätsel stammt aus den Kinder- und Hausmärchen der Brüder Grimm (1812).

Unterstreiche alle Wörter, die groß geschrieben werden.

<u>DREI FRAUEN</u> WAREN IN <u>BLUMEN</u> VERWANDELT, DIE AUF DEM <u>FELDE</u> STANDEN, DOCH EINE VON IHNEN DURFTE DES <u>NACHTS</u> IN IHREM <u>HAUSE</u> SEIN. <u>DA</u> SPRACH SIE EINMAL ZU IHREM <u>MANN</u>, ALS SICH DER <u>TAG</u> NAHTE UND SIE WIEDERUM AUF DAS <u>FELD</u> GEHEN UND EINE <u>BLUME</u> WERDEN MUSSTE: „<u>WENN</u> DU HEUTE <u>VORMITTAG</u> KOMMST UND MICH ABBRICHST, WERDE ICH ERLÖST UND FÜR IMMER BEI DIR BLEIBEN," <u>WAS</u> DANN AUCH GESCHAH. <u>NUN</u> IST DIE <u>FRAGE</u>, WIE SIE IHR <u>MANN</u> ERKANNT HATTE, <u>DA</u> DIE <u>BLUMEN</u> GANZ GLEICH UND OHNE <u>UNTERSCHIED</u> WAREN?

Wie kann der Mann seine Frau erkennen?

Weil sie nachts im Haus war und nicht auf dem Feld, ist auf sie kein Tau gefallen, jedoch auf die anderen beiden.

Lösungen der Übungsaufgaben II

Aufgabe 2

Schreibe diesen Witz in richtiger Groß- und Kleinschreibung auf.

DER LEHRER RUFT EMMA AUF: „NENNE MIR FÜNF TIERE AUS AFRIKA!" EMMA ANTWORTET: „DREI ELEFANTEN UND ZWEI LÖWEN."

Der Lehrer ruft Emma auf: „Nenne mir fünf Tiere aus Afrika!" Emma antwortet: „Drei Elefanten und zwei Löwen."

Aufgabe 3

Unterstreiche alle nominalisierten Adjektive und Verben in diesen Sätzen.

a) Familie Ritter plant einen Ausflug zum <u>Schwimmen</u> und <u>Erholen</u> an einen Badesee.

b) Herr Ritter möchte in seiner Zeitung viel <u>Neues</u> und <u>Interessantes</u> erfahren.

c) Beim <u>Lesen</u> wird er von Anna und Jan gestört, die seine Zeitung nass spritzen.

d) Herr Ritter rennt hinter Anna und Jan her, die mit lautem <u>Lachen</u> in den See springen.

e) Abends sagt Frau Ritter: „Wir haben heute viel <u>Schönes</u> erlebt."

Deutsch-Flyer 14

Wiederholen und Verstehen

Groß- und Kleinschreibung

Mit großen Anfangsbuchstaben werden **Satzanfänge** und **Nomen** (Substantive) geschrieben.

Die meisten Adjektive und Verben können auch als Nomen gebraucht werden. Man nennt sie dann **nominalisierte Adjektive/Verben** oder **substantivierte Adjektive/Verben**. Auch sie schreibt man groß.

Adjektiv	nominalisiertes Adjektiv
fremd	Fremdes
bekannt	Bekanntes
süß	Süßes

Verb	nominalisiertes Verb
schwimmen	das Schwimmen
singen	lautes Singen
gehen	beim Gehen

Die Höflichkeitsformen der Anrede, so genannte **Anredepronomen** wie Sie, Ihnen, Ihr,... schreibt man ebenfalls groß.

Musteraufgaben

Aufgabe 1

Unterstreiche alle Wörter, die groß geschrieben werden.

DIE BELIEBTESTEN VORNAMEN IM JAHR 2020 WAREN IN DEUTSCHLAND BEI DEN MÄDCHEN MIA, EMILIA UND HANNAH. BEI DEN JUNGEN WAREN ES NOAH, BEN UND MATTEO. DAS AUSSUCHEN EINES NAMENS IST EINE WICHTIGE UND SCHWIERIGE AUFGABE DER JUNGEN ELTERN, SCHLIEẞLICH SOLL DAS KIND SICH SEIN GANZES LEBEN LANG MIT DEM VORNAMEN WOHLFÜHLEN.

Aufgabe 2

Schreibe diesen Witz in richtiger Groß- und Kleinschreibung auf.

GEHT EIN COWBOY ZUM FRISEUR. ALS ER RAUSKOMMT, HAT ER KEIN PONY MEHR.

Geht ein Cowboy zum Friseur. Als er rauskommt, hat er kein Pony mehr.

Aufgabe 3

Unterstreiche alle nominalisierten Adjektive und Verben in diesem Satz.

Das Gute an der Schule ist, dass man so oft Pausen zum Erholen und Spielen hat.

Übungsaufgaben I

Aufgabe 1

Dieses Rätsel stammt aus den Kinder- und Hausmärchen der Brüder Grimm (1812). Unterstreiche alle Wörter, die groß geschrieben werden.

DREI FRAUEN WAREN IN BLUMEN VERWANDELT, DIE AUF DEM FELDE STANDEN, DOCH EINE VON IHNEN DURFTE DES NACHTS IN IHREM HAUSE SEIN. DA SPRACH SIE EINMAL ZU IHREM MANN, ALS SICH DER TAG NAHTE UND SIE WIEDERUM AUF DAS FELD GEHEN UND EINE BLUME WERDEN MUSSTE: „WENN DU HEUTE VORMITTAG KOMMST UND MICH ABBRICHST, WERDE ICH ERLÖST UND FÜR IMMER BEI DIR BLEIBEN," WAS DANN AUCH GESCHAH. NUN IST DIE FRAGE, WIE SIE IHR MANN ERKANNT HATTE, DA DIE BLUMEN GANZ GLEICH UND OHNE UNTERSCHIED WAREN?

Wie kann der Mann seine Frau erkennen?

Übungsaufgaben II

Aufgabe 2

Schreibe diesen Witz in richtiger Groß- und Kleinschreibung auf.

DER LEHRER RUFT EMMA AUF: „NENNE MIR FÜNF TIERE AUS AFRIKA!" EMMA ANTWORTET: „DREI ELEFANTEN UND ZWEI LÖWEN."

Aufgabe 3

Unterstreiche alle nominalisierten Adjektive und Verben in diesen Sätzen.

a) Familie Ritter plant einen Ausflug zum Schwimmen und Erholen an einen Badesee.

b) Herr Ritter möchte in seiner Zeitung viel Neues und Interessantes erfahren.

c) Beim Lesen wird er von Anna und Jan gestört, die seine Zeitung nass spritzen.

d) Herr Ritter rennt hinter Anna und Jan her, die mit lautem Lachen in den See springen.

e) Abends sagt Frau Ritter: „Wir haben heute viel Schönes erlebt."

Lösungen der Übungsaufgaben I

Aufgabe 1

Zusammengesetzte Wörter trennt man dort, wo sie zusammengesetzt sind. Trenne diese Wörter.

Fußball *Fuß-ball*

Schultag *Schul-tag*

Spielzeug *Spiel-zeug*

hellblau *hell-blau*

Zahnarzt *Zahn-arzt*

Handstand *Hand-stand*

Herbsttag *Herbst-tag*

steinhart *stein-hart*

Aufgabe 2

Schreibe die Tiere in Silben zerlegt auf.

Katze *Kat-ze*

Nilpferd *Nil-pferd*

Elefant *E-le-fant*

Känguru *Kän-gu-ru*

Ameisenbär *A-mei-sen-bär*

Lösungen der Übungsaufgaben II

Aufgabe 3

Trenne die Wörter am Ende der Zeile.

Urlaubsreise

Ich freue mich auf die geplante *Urlaubs-*

reise.

Tagebuch

Sarah schreibt alle Erlebnisse in ihr *Tage-*

buch.

Spülmaschine

Stelle das Geschirr bitte in die *Spül-*

maschine.

Kochbuch

Das Rezept steht auf Seite 24 im *Koch-*

buch.

Aufgabe 4

Male die Silben, die zusammen ein Wort ergeben, in der gleichen Farbe an und schreibe sie auf.

Hoff	Wasch	nung	be	schi
heu	But	ma	ter	ne
Ku	Eu	chen	ro	Mu
te	Lie	um	pa	se

Hoffnung, Butter, Kuchen, Liebe, Europa,

Waschmaschine, Museum, heute

Deutsch-Flyer 15

Wiederholen und Verstehen

Silbentrennung

Wird beim Schreiben das Ende einer Zeile erreicht, muss man häufig das letzte Wort trennen. So wird der Platz in der Zeile optimal genutzt und es entstehen keine Lücken im Schriftbild.

Die wichtigste Regel für die Trennung von Wörtern lautet:
Wörter werden nach Silben getrennt.

Eine Silbe kann man beim langsamen Sprechen erkennen. In jeder Silbe steht mindestens ein Selbstlaut (Vokal).

Bril-le, Zeit-schrift, Ka-nin-chen, Ei-er-be-cher

Einsilbige Wörter kann man nicht trennen. Laute wie ch, ck, sch und Zwielaute (Diphthonge) wie ei, au, eu, äu bleiben zusammen.

Sa-chen, Na-cken, ge-schwind, Lei-ter, Mau-er, Un-ge-heu-er, Bäu-me

Wenn in einem Wort mehrere Konsonanten an der Silbengrenze stehen, kommt der letzte Konsonant in die neue Zeile.

Ap-fel, tan-zen, Schiff-fahrt, ges-tern

Musteraufgaben

Aufgabe 1

Zusammengesetzte Wörter trennt man dort, wo sie zusammengesetzt sind. Trenne diese Wörter.

Brautkleid *Braut-kleid*
schulfrei *schul-frei*
Kochtopf *Koch-topf*
Buntstift *Bunt-stift*

Aufgabe 2

Schreibe die Tiere in Silben zerlegt auf.

Tiger *Ti-ger*
Heuschrecke *Heu-schre-cke*
Taube *Tau-be*
Giraffe *Gi-raf-fe*

Aufgabe 3

Trenne die Wörter am Ende der Zeile.

Kindergarten

Mein kleiner Bruder geht in den *Kinder-*
garten.

Überraschungseier

Er hat eine große Sammlung *Überraschungs-*
eier.

Aufgabe 4

Male die Silben, die zusammen ein Wort ergeben, in der gleichen Farbe an und schreibe sie auf.

Com	Ru	pu	der	ne
he	Ka	len	Son	ter

Computer, Kalender, Ruhe, Sonne

Übungsaufgaben I

Aufgabe 1

Zusammengesetzte Wörter trennt man dort, wo sie zusammengesetzt sind. Trenne diese Wörter.

Fußball ____________

Schultag ____________

Spielzeug ____________

hellblau ____________

Zahnarzt ____________

Handstand ____________

Herbsttag ____________

steinhart ____________

Aufgabe 2

Schreibe die Tiere in Silben zerlegt auf.

Katze ____________

Nilpferd ____________

Elefant ____________

Känguru ____________

Ameisenbär ____________

Übungsaufgaben II

Aufgabe 3

Trenne die Wörter am Ende der Zeile.

Urlaubsreise

Ich freue mich auf die geplante ________
____

Tagebuch

Sarah schreibt alle Erlebnisse in ihr ________
____

Spülmaschine

Stelle das Geschirr bitte in die ________
____

Kochbuch

Das Rezept steht auf Seite 24 im ________
____

Aufgabe 4

Male die Silben, die zusammen ein Wort ergeben, in der gleichen Farbe an und schreibe sie auf.

Hoff	Wasch	nung	be	schi
heu	But	ma	ter	ne
Ku	Eu	chen	ro	Mu
te	Lie	um	pa	se

____

____

Lösungen der Übungsaufgaben I

Aufgabe 1

Unterstreiche in diesen Wörtern die langen Vokale. Markiere die kurzen Vokale mit einem Punkt.

Saft (•)	Kl<u>e</u>ber	Stift (•)	H<u>a</u>fer
Tasse (•)	Gl<u>a</u>s	Tisch (•)	St<u>u</u>hl

Aufgabe 2

Trage in diesen Wörtern die passenden Doppelvokale ein: ll, ll, mm, mm, nn, ss.

We*nn* du in der Pause mit uns Fuß*ball* spielen möchtest, da*nn* mu*ss*t du i*mm*er zur Turnha*ll*e ko*mm*en.

Aufgabe 3

Streiche die falsch geschriebenen Wörter durch.

können	~~könen~~
~~spiellen~~	spielen
Wette	~~Wete~~
rennen	~~renen~~
~~wüttend~~	wütend
~~Voggel~~	Vogel
~~addieren~~	adieren

Lösungen der Übungsaufgaben II

Aufgabe 4

Finde zu den Verben die passenden Nomen. Achte auf die Länge des Vokals.

fallen – *der Fall*

trommeln – *die Trommel*

küssen – *der Kuss*

fressen – *der Fraß*

Aufgabe 5

Errate die Wörter mit Doppelkonsonanten. Es ergibt sich ein Lösungswort.

1. Großes Boot
2. Nicht Tee, sondern...
3. Gegenteil von nie
4. Damit sprechen wir
5. Warme Jahreszeit
6. Ich gehe in die... 4a.
7. Verb zu Hoffnung

Lösungswort ↓

1.						**S**	C	H	I	F	F
2.					K	**A**	F	F	E	E	
3.					I	**M**	M	E	R		
4.			S	T	I	**M**	M	E			
5.		S	O	M	M	**E**	R				
6.					K	**L**	A	S	S	E	
7.	H	O	F	F	E	**N**					

Lösungswort: *sammeln*

Deutsch-Flyer 16

Wiederholen und Verstehen

Wörter mit doppeltem Mitlaut (Konsonanten)

Doppelte Konsonanten (Mitlaute) stehen in der Regel nach kurzem Vokal (Selbstlaut).

Die Vokale a, e, i, o, u, ä, ö, ü können in Wörtern lang oder kurz gesprochen werden.

Vokal	kurz	lang
a	Kamm	kam
e	rennen	Rentier
i	flimmern	Fibel
o	Ross	rot
u	bummeln	Blume
ä	Rättin	Rätsel
ö	können	König
ü	Gülle	üben

Auf einen kurz gesprochenen Vokal folgt häufig ein doppelter Konsonant oder mehrere Konsonanten.

kam (lang gesprochen, nur ein Konsonant)
Kamm (kurz gesprochen, Doppelkonsonant)
Katze (kurz gesprochen, zwei Konsonanten)

Musteraufgaben

Aufgabe 1

Unterstreiche in diesen Wörtern die langen Vokale. Markiere die kurzen Vokale mit einem Punkt.

W<u>e</u>g	Hund (•)	B<u>u</u>ch
Sch<u>e</u>re	Karte (•)	Hummel (•)

Aufgabe 2

Trage in diesen Wörtern die passenden Doppelvokale ein: ff, ll, mm, nn, nn, tt.

We*nn* du mich tre*ff* en wi*ll* st, da*nn*

ko*mm* e zur We*tt* erstation.

Aufgabe 3

Streiche die falsch geschriebenen Wörter durch.

schwimmen	~~schwimen~~
~~lauffen~~	laufen
~~Reggen~~	Regen
vorstellen	~~vorstelen~~

Aufgabe 4

Finde zu den Verben die passenden Nomen. Achte auf die Länge des Vokals.

hassen – der Hass

erinnern – die Erinnerung

Übungsaufgaben I

Aufgabe 1

Unterstreiche in diesen Wörtern die langen Vokale. Markiere die kurzen Vokale mit einem Punkt.

Saft	Kleber	Stift	Hafer
Tasse	Glas	Tisch	Stuhl

Aufgabe 2

Trage in diesen Wörtern die passenden Doppelvokale ein: ll, ll, mm, mm, nn, ss.

We____ du in der Pause mit uns Fuß____

spielen möchtest, da___ mu____t du

i_____ er zur Turnha___ e ko____ en.

Aufgabe 3

Streiche die falsch geschriebenen Wörter durch.

können	könen
spiellen	spielen
Wette	Wete
rennen	renen
wüttend	wütend
Voggel	Vogel
addieren	adieren

Übungsaufgaben II

Aufgabe 4

Finde zu den Verben die passenden Nomen. Achte auf die Länge des Vokals.

fallen – ____________

trommeln – ____________

küssen – ____________

fressen – ____________

Aufgabe 5

Errate die Wörter mit Doppelkonsonanten. Es ergibt sich ein Lösungswort.

1. Großes Boot
2. Nicht Tee, sondern...
3. Gegenteil von nie
4. Damit sprechen wir
5. Warme Jahreszeit
6. Ich gehe in die... 4a.
7. Verb zu Hoffnung

Lösungswort ↓

1.						**S**	C	H	I	F	F
2.					K						
3.					I						
4.			S								
5.		S									
6.					K						
7.	H										

Lösungswort: ___________

Lösungen der Übungsaufgaben I

Aufgabe 1

Unterstreiche alle Wörter, in denen sp oder st am Anfang eines Wortstammes vorkommen.

Steffi ist heute zu Gast bei Familie Spiegel. Sie spricht mit ihrer Freundin Nadja über das Fußballspiel, das sie neulich im Stadion gesehen haben. Die Stürmer sind stets gut in Form, aber auch der Torwart war zu Recht stolz auf seine Leistung. Auch einen steilen Pass hat er gehalten, sodass der Sprecher ihn gefeiert hat.

Aufgabe 2

Finde zu diesen Verben mit st und sp jeweils ein verwandtes Nomen.

stören	– die *Störung*
streiten	– der *Streit*
spinnen	– die *Spinne*
sprechen	– die *Sprache / der Spruch*
stürmen	– der *Sturm*
stürzen	– der *Sturz*
spielen	– das *Spiel*
spüren	– die *Spur*

Lösungen der Übungsaufgaben II

Aufgabe 3

Finde die Reime zu den Wörtern. Sie werden ganz ähnlich geschrieben.

der Gast	– die R*ast*
der Test	– das N*est*
kosten	– der Pf*osten*
Schiffsmasten	– der K*asten*
pusten	– h*usten*
der Rost	– der F*rost*
der Wurm	– der St*urm*

Aufgabe 4

Schreibe aus diesem Text alle Wörter mit sp und st am Anfang eines Wortstammes heraus.

Unsere Reise

Am Flughafen standen wir lange an, aber dann saß ich gespannt im Flugzeug. Es war mein erster Flug und ich hatte viel Spaß. Ich konnte Filme anschauen und spielen. In Spanien sind wir erst ins Hotel und dann an den Strand gefahren. Wir haben einen Spaziergang gemacht und abends Spagetti *gegessen.*

Wörter mit st: standen, Strand

Wörter mit sp: gespannt, Spaß, spielen, Spanien, Spaziergang, Spagetti

Deutsch-Flyer 17

Wiederholen und Verstehen

Wörter mit sp und st

Die Laute „sp“ und „st“ sprechen wir in der Regel **am Anfang eines Wortstammes** als „**schp**“ und „**scht**“.

Spiel, Stein, stark, streiten, spazieren

Dies betrifft auch Wörter, die vor dem Wortstamm Präfixe erhalten.

verspotten, versteuern, Vorstrafe, Anspiel

Wenn die Laute „sp“ und „st“ **innerhalb des Wortstammes** vorkommen, werden sie in der Regel **getrennt gesprochen** als s-p oder s-t.

Fest, rosten, Espe, Knospe

In süddeutschen Dialekten wird auch innerhalb des Wortes oft „schp“ und „scht“ gesprochen, beispielsweise in den Wörtern Konstanz, Vesper

Musteraufgaben

Aufgabe 1

Unterstreiche alle Wörter, in denen sp oder st am Anfang eines Wortstammes vorkommen.

Mit <u>Spannung</u> warten die Geschwister auf den Nikolaus. Sie haben sogar <u>Staub</u> gewischt und den Tag ohne <u>Streit</u> verbracht. Sie wollen einen <u>Spruch</u> aufsagen, den sie vor dem <u>Spiegel</u> geübt haben. <u>Gespannt</u> warten sie auf das Klingeln.

Aufgabe 2

Finde zu diesen Verben mit st und sp jeweils ein verwandtes Nomen.

starten – der *Start*
stechen – der *Stich*
spaßen – der *Spaß*
springen – der *Sprung*

Aufgabe 3

Finde die Reime zu den Wörtern.
Sie werden ganz ähnlich geschrieben.

der Meister – der K*leister*
das Fest – der R*est*
die Kisten – Vögel n*isten*
die Bürste – die W*ürste*

Übungsaufgaben I

Aufgabe 1

Unterstreiche alle Wörter, in denen sp oder st am Anfang eines Wortstammes vorkommen.

Steffi ist heute zu Gast bei Familie Spiegel. Sie spricht mit ihrer Freundin Nadja über das Fußballspiel, das sie neulich im Stadion gesehen haben. Die Stürmer sind stets gut in Form, aber auch der Torwart war zu Recht stolz auf seine Leistung. Auch einen steilen Pass hat er gehalten, sodass der Sprecher ihn gefeiert hat.

Aufgabe 2

Finde zu diesen Verben mit st und sp jeweils ein verwandtes Nomen.

stören – die ____________
streiten – der ____________
spinnen – die ____________
sprechen – die ____________
stürmen – der ____________
stürzen – der ____________
spielen – das ____________
spüren – die ____________

KOHL VERLAG Täglich Deutsch üben! Rechtschreibung & Grammatik – Bestell-Nr. 12 552

Übungsaufgaben II

Aufgabe 3

Finde die Reime zu den Wörtern. Sie werden ganz ähnlich geschrieben.

der Gast – die R__________
der Test – das N__________
kosten – der Pf__________
Schiffsmasten – der K__________
pusten – h__________
der Rost – der F__________
der Wurm – der S__________

Aufgabe 4

Schreibe aus diesem Text alle Wörter mit sp und st am Anfang eines Wortstammes heraus.

Unsere Reise
Am Flughafen standen wir lange an, aber dann saß ich gespannt im Flugzeug. Es war mein erster Flug und ich hatte viel Spaß. Ich konnte Filme anschauen und spielen. In Spanien sind wir erst ins Hotel und dann an den Strand gefahren. Wir haben einen Spaziergang gemacht und abends Spagetti *gegessen.*

Wörter mit st: ____________________

Wörter mit sp: ____________________

____

KOHL VERLAG Täglich Deutsch üben! Rechtschreibung & Grammatik – Bestell-Nr. 12 552

Lösungen der Übungsaufgaben I

Aufgabe 1

Trage die Wörter an passenden Stellen ein:
heiße, fleißig, süße, weißes, spaßig

Sabine trägt ein *weißes* Kleid.

Patrick bestellt *heiße* Suppe.

Die Eltern basteln *fleißig* eine Überraschung.

Die Spiele sind besonders *spaßig*.

Zum Nachtisch gibt es *süße* Torte.

Aufgabe 2

Ergänze die Tabelle.

a)

Singular (Einzahl)	Plural (Mehrzahl)
der Fuß	*die Füße*
die Soße	*die Soßen*
der Gruß	die Grüße
die Straße	die Straßen

b)

die Kasse	*die Kassen*
das Schloss	*die Schlösser*
das Fass	die Fässer
der Fluss	die Flüsse

Lösungen der Übungsaufgaben II

Aufgabe 3

Bilde aus diesen Verben Nomen mit der Endung -nis. Schreibe sie in der Einzahl und Mehrzahl auf.

ergeben, verhalten, erleben, geheim, zeugen, ereignen, erlauben.

Singular (Einzahl)	Plural (Mehrzahl)
Ergebnis	Ergebnisse
Verhältnis	*Verhältnisse*
Erlebnis	*Erlebnisse*
Geheimnis	*Geheimnisse*
Zeugnis	*Zeugnisse*
Ereignis	*Ereignisse*
Erlaubnis	*Erlaubnisse*

Aufgabe 4

Unterstreiche die langen Vokale vor dem s-Laut. Markiere die kurzen Vokale mit einem Punkt. Entscheide dann, ob ss oder ß eingetragen wird.

Gefä*ß*, Eheschlie*ß*ung, Ba*ss*, Nu*ss*,

Schwei*ß*, verge*ss*lich, Flei*ß*,

Geheimni*ss*e, Rei*ß*verschlu*ss*, Flo*ß*,

e*ss*en, Fu*ß*ball, Gro*ß*stadt, He*ss*en.

Deutsch-Flyer 18

Wiederholen und Verstehen

Wörter mit ss und ß

Wann schreibt man ss, wann ß?
Man achtet darauf, wie der Vokal (Selbstlaut) vor dem s-Laut klingt.
Wenn der **Vokal vor dem s-Laut**

- **kurz** ist, schreibt man **ss**.
- lang ist, schreibt man **ß**.

Kurze Vokale: Gasse, Fluss, küssen
Lange Vokale: Straße, groß, Spaß

Auch nach Zwielauten (Diphtongen) wie ei, au, eu, äu, ie schreibt man ß.
weiß, außen, fließen, äußerlich

Eine Stra**ß**e über den Flu**ss**: die Golden Gate Bridge in San Francisco

Musteraufgaben

Aufgabe 1

Trage die fehlenden Wörter an passenden Stellen ein: rechtmäßige, heißer, fleißiger, größer.

Mohammed ist ein fleißiger Schüler.

Sophie ist *größer* als Lina.

Die Suppe ist *heißer* als der Auflauf.

Stefan ist der *rechtmäßige* Gewinner.

Aufgabe 2

Ergänze die Tabelle.

Singular (Einzahl)	Plural (Mehrzahl)
der Kloß	*die Klöße*
der Spaß	die Späße
die Gasse	*die Gassen*
der Schuss	die Schüsse

Aufgabe 3

Unterstreiche die langen Vokale vor dem s-Laut. Markiere die kurzen Vokale mit einem Punkt. Entscheide dann, ob ss oder ß eingetragen wird.

Ansto*ß*, Flu*ss*, Eiwei*ß*, Schlu*ss*,

entschlie*ß*en, na*ss*, Reisepa*ss*.

Übungsaufgaben I

Aufgabe 1

Trage die Wörter an passenden Stellen ein:
heiße, fleißig, süße, weißes, spaßig

Sabine trägt ein _________ Kleid.

Patrick bestellt _________ Suppe.

Die Eltern basteln _______ eine Überraschung.

Die Spiele sind besonders __________.

Zum Nachtisch gibt es _________ Torte.

Aufgabe 2

Ergänze die Tabelle.

a)

Singular (Einzahl)	Plural (Mehrzahl)
der Fuß	
die Soße	
	die Grüße
	die Straßen

b)

die Kasse	
das Schloss	
	die Fässer
	die Flüsse

Übungsaufgaben II

Aufgabe 3

Bilde aus diesen Verben Nomen mit der Endung -nis. Schreibe sie in der Einzahl und Mehrzahl auf.

ergeben, verhalten, erleben, geheim, zeugen, ereignen, erlauben.

Singular (Einzahl)	Plural (Mehrzahl)
Ergebnis	Ergebnisse

Aufgabe 4

Unterstreiche die langen Vokale vor dem s-Laut. Markiere die kurzen Vokale mit einem Punkt. Entscheide dann, ob ss oder ß eingetragen wird.

Gefä__, Eheschlie__ung, Ba__, Nu__,

Schwei__, verge__lich, Flei__,

Geheimni__e, Rei__verschlu__, Flo__,

e__en, Fu__ball, Gro__stadt, He__en.

Lösungen der Übungsaufgaben I

Aufgabe 1

Ergänze die Tabelle. Unterstreiche jedes ie.

Singular (Einzahl)	Plural (Mehrzahl)
der Brief	*die Briefe*
das Lied	*die Lieder*
der Sieger	*die Sieger*
die Miete	*die Mieten*
das Beispiel	die Beispiele
der Spiegel	*die Spiegel*
der Unterschied	die Unterschiede
das Papier	*die Papiere*
das Tier	die Tiere

Aufgabe 2

Trage in diesem Witz die richtigen i-Laute ein.

Mona meldet s*i* ch: „H*ie* r *i* st d*ie* Aufgabe, d*ie* *i* ch machen sollte. *I* ch habe s*ie* zehn mal nachgerechnet.“

Die Lehrer*i* n meint: „Du b*i* st aber fleiß*i* g.“

Mona: „Ja, und h*ie* r sehen S*ie* d*ie* zehn Ergebn*i* sse.“

Lösungen der Übungsaufgaben II

Aufgabe 3

Setze „wieder“ oder „wider“ passend ein.

Ich möchte gern *wieder* einmal nach Barcelona reisen. Die Sonne spiegelt sich in der Fensterscheibe *wider*. Trotz des *Wider* standes setzte sie sich durch.

Aufgabe 4

Errate die Wörter mit ie. Es ergibt sich ein Lösungswort.

1. Tasteninstrument
2. nicht hoch
3. nicht dort
4. ich laufe, gestern: ich ...
5. nicht gerade
6. ich schreibe auf ...
7. Insekt mit Stachel
8. ich lese, er ...

Lösungswort

1.		K	L	A	**V**	I	E	R	
2.			T	I	**E**	F			
3.		H	I	E	**R**				
4.					**L**	I	E	F	
5.		S	C	H	**I**	E	F		
6.	P	A	P	I	**E**	R			
7.					**B**	I	E	N	E
8.	L	I	E	S	**T**				

Lösungswort: *verliebt*

Deutsch-Flyer 19

Wiederholen und Verstehen

Wörter mit ie

Wörter mit **langem i-Laut** werden im Deutschen meistens mit ie geschrieben.

Wiese, Liebe, Miete, probieren, neugierig

Ausnahmen sind häufig Wörter, die aus anderen Sprachen übernommen wurden:

Bibel, Tiger, Fibel, Klima, Kilo

Das Wort „**wieder**“ schreibt man mit ie, wenn es „erneut, wiederkehrend, noch einmal“ bedeutet:

Schon wieder ist ein Jahr vergangen.
Die Sonne scheint endlich wieder.
Auf das Wiedersehen haben wir uns gefreut.

Man schreibt „**wider**“ mit einfachem i, wenn es „gegen“ bedeutet:

Wider alle Erwartungen kam Johnny schnell zurück.

Wenn Unrecht zu Recht wird, ist Widerstand Pflicht.

Das Haus spiegelt sich im Wasser wider.

„Widerspiegeln“ wird vorn mit einfachem i geschrieben.

Eselsbrücke: In „spiegeln“ ist schon ein ie, ein zweites tut dem Auge weh.

Musteraufgaben

Aufgabe 1

Ergänze die Tabelle. Unterstreiche jedes ie.

Singular (Einzahl)	Plural (Mehrzahl)
der Dienst	*die Dienste*
die Wiese	*die Wiesen*
die Fliege	*die Fliegen*

Aufgabe 2

Trage in diesem Witz die richtigen i-Laute ein.

Lehrer: „W*ie*_ v*ie*_ le Erdteile g*i*_bt es?“

Jan: „Sechs.“ Lehrer: „Antworte b*i*_tte genauer.“ Jan: „Eins, zwei, drei, v*ie*_ r, fünf und sechs!“

Aufgabe 3

Setze „wieder“ oder „wider“ passend ein.

Hoffentlich sehen wir uns bald *wieder*___.

Der Baum am Ufer spiegelt sich im Fluss *wider*_.

Ich schaue mir die *Wieder*____holung des Films an.

Aufgabe 4

Errate die Wörter mit ie.

1. männliches Rind *Stier*______
2. Zehn minus sechs *vier*______

Übungsaufgaben I

Aufgabe 1

Ergänze die Tabelle. Unterstreiche jedes ie.

Singular (Einzahl)	Plural (Mehrzahl)
der Brief	
das Lied	
der Sieger	
die Miete	
	die Beispiele
der Spiegel	
	die Unterschiede
das Papier	
	die Tiere

Aufgabe 2

Trage in diesem Witz die richtigen i-Laute ein.

Mona meldet s__ ch: „H__r __st d__ Aufgabe, d__ __ch machen sollte. __ch habe s__ zehn mal nachgerechnet.“

Die Lehrer__ n meint: „Du b__ st aber fleiß__g.“

Mona: „Ja, und h__r sehen S__ d__ zehn Ergebn__sse.“

Lösungen der Übungsaufgaben II

Aufgabe 3

Setze „wieder“ oder „wider“ passend ein.

Ich möchte gern ________ einmal nach Barcelona reisen. Die Sonne spiegelt sich in der Fensterscheibe _________. Trotz des ________standes setzte sie sich durch.

Aufgabe 4

Errate die Wörter mit ie. Es ergibt sich ein Lösungswort.

1. Tasteninstrument
2. nicht hoch
3. nicht dort
4. ich laufe, gestern: ich ...
5. nicht gerade
6. ich schreibe auf …
7. Insekt mit Stachel
8. ich lese, er ...

Lösungswort

1.		K							
2.			T						
3.		H							
4.					**L**				
5.		S							
6.	P								
7.					**B**				
8.	L								

Lösungswort: ________________

Lösungen der Übungsaufgaben I

Aufgabe 1

Trage an den richtigen Stellen „dass“ oder „das“ ein.

„Ich kann einfach nicht glauben, *dass* meine Tochter in Mathematik wirklich eine Sechs verdient hat“, beschwert sich die Mutter beim Lehrer. „Ich auch nicht“, antwortet er, „aber *das* ist nun mal die schlechteste Note, die ich erteilen kann.“

Aufgabe 2

Mache die Ersatzprobe und trage ein, mit welchen Wörtern man „das“ ersetzen könnte.

a) Die Eltern haben ein Spielzeugboot gekauft, das (*welches*) man mit einer Fernbedienung steuern kann.

b) Elmar und Lorenz möchten gern das (*dieses, jenes*) Boot steuern.

c) Die Eltern möchten das (*dieses, jenes*) Boot erst einmal selbst über den See lenken.

d) Danach dürfen die Jungen das (*dieses, jenes*) auch machen.

Lösungen der Übungsaufgaben II

Aufgabe 3

Trage an den richtigen Stellen „dass“ oder „das“ ein.

a) *Das* Pferd steht in der Box. Mona liest *das* Schild an seiner Tür: „Rayo“. Es gefällt ihr, *dass* der Name „Blitz“ bedeutet. *Das* klingt so schnell. Mona möchte gern auf Rayo reiten, aber *das* ist nicht so einfach. Der Besitzer will erst sicher sein, *dass* Mona eine gute Reiterin ist.

b) Am einfachsten ist es, *das* Jonglieren mit zwei Tüchern zu lernen. Du wirfst sie so, *dass* immer eines in der Luft ist und *das* andere deine Hand verlässt, wenn *das* erste auf der Höhe deines Kopfes ist.

Aufgabe 4

Trage „das“, „dass“ und ein Komma ein.

Das Kochen hat so lange gedauert, *dass* ich jetzt ganz hungrig bin.

Deutsch-Flyer 20

Wiederholen und Verstehen

Das oder dass?

Das Wörtchen „das“ kommt in unterschiedlichen Funktionen in der Sprache vor.

- **„das“ als Artikel**
  Das Mädchen wünscht sich einen Hund.
- **„das“ als Demonstrativpronomen**
  Ein Hund ist ihr größter Wunsch. *Das* schreibt Lena auf ihren Wunschzettel.
- **„das“ als Relativpronomen**
  Das Kind, *das* sich einen Hund wünscht, glaubt an den Weihnachtsmann.

Das Bindewort (die **Konjunktion**) „dass“ leitet einen Nebensatz ein. Vor „dass“ steht ein Komma.

Lena erzählt, dass sie einen Wunschzettel geschrieben hat.

Ein Hund hätte den Vorteil, dass sie jeden Tag spazieren ginge.

Mit der **Ersatzprobe** lässt sich herausfinden, ob „das“ oder „dass“ geschrieben wird.

Es heißt „das“, wenn stattdessen die Wörter **dieses**, **jenes** oder **welches** eingesetzt werden können.

Musteraufgaben

Aufgabe 1

Trage an den richtigen Stellen „dass“ oder „das“ ein.

Ein Mann rennt völlig außer Atem zum Bootssteg. Er wirft seinen Koffer auf *das* drei Meter entfernte Boot, springt hinterher und schnauft erleichtert: „Geschafft!“ Ein Seemann sagt zu ihm: „Toll, aber warum warten Sie nicht darauf, *dass* unser Schiff anlegt?“

Aufgabe 2

Mache die Ersatzprobe und trage ein, mit welchen Wörtern man „das“ ersetzen könnte.

Das (*dieses, jenes*) Schiff legt gleich ab. Die Passagiere, die das (*dieses, jenes*) Schiff gebucht haben, sind vollzählig. Das (*dieses, jenes*) hat der Kapitän gerade herausgefunden. Das Schiff, das (*welches*) sonst immer im Hafen liegt, soll heute auf eine Rundfahrt gehen.

Aufgabe 3

Trage „das“, „dass“ und ein Komma ein.

Das Wetter ist heute so unbeständig, *dass* ich doch lieber einen Regenschirm mitnehme.

Übungsaufgaben I

Aufgabe 1

Trage an den richtigen Stellen „dass“ oder „das“ ein.

„Ich kann einfach nicht glauben, _______ meine Tochter in Mathematik wirklich eine Sechs verdient hat“, beschwert sich die Mutter beim Lehrer. „Ich auch nicht“, antwortet er, „aber _______ ist nun mal die schlechteste Note, die ich erteilen kann.“

Aufgabe 2

Mache die Ersatzprobe und trage ein, mit welchen Wörtern man „das“ ersetzen könnte.

a) Die Eltern haben ein Spielzeugboot gekauft, das (_______________) man mit einer Fernbedienung steuern kann.

b) Elmar und Lorenz möchten gern das (____________) Boot steuern.

c) Die Eltern möchten das (_____________) Boot erst einmal selbst über den See lenken.

d) Danach dürfen die Jungen das (______, ______) auch machen.

Übungsaufgaben II

Aufgabe 3

Trage an den richtigen Stellen „dass“ oder „das“ ein.

a) ______ Pferd steht in der Box. Mona liest ______ Schild an seiner Tür: „Rayo“. Es gefällt ihr, ______ der Name „Blitz“ bedeutet. ______ klingt so schnell. Mona möchte gern auf Rayo reiten, aber ______ ist nicht so einfach. Der Besitzer will erst sicher sein, _______ Mona eine gute Reiterin ist.

b) Am einfachsten ist es, _______ Jonglieren mit zwei Tüchern zu lernen. Du wirfst sie so, ______ immer eines in der Luft ist und _______ andere deine Hand verlässt, wenn ________ erste auf der Höhe deines Kopfes ist.

Aufgabe 4

Trage „das“, „dass“ und ein Komma ein.

______ Kochen hat so lange gedauert ____ ______ ich jetzt ganz hungrig bin.